말로 가르치지 말고 말씀으로 가르치라

목회자·교사·학부모 필독서

말로 가르치지 말고 말씀으로 가르치라

주금용 목사 지음

도서출판
크리스천하우스

가치를 아는 교사가 되라

어느 저녁 무렵 어떤 악기점에 한 걸인이 낡은 바이올린을 들고 와서 말했다. "제발, 이 바이올린을 15달러에 사 주십시오. 그렇지 않으면 먹을 것을 구할 수가 없답니다. 주인은 그 걸인이 불쌍해서 5달러를 주면서 그냥 가라고 하였으나 이 걸인은 〈자신에게 필요 없는 바이올린〉이라고 하면서 놓고 나갔다.

주인이 바이올린을 들고 현을 튕겨보다가 그 청아한 소리에 놀라 내부를 자세히 보았다. 그러자 그 바이올린은 위대한 악기 제작자 안토니오 스트라디바라의 명품인 것을 발견했으며, 제작 년도는 '1700년' 이라고 적혀 있었다. 그후 이 바이올린은 10만 달러에 팔렸단다. 걸인은 명품의 가치를 알지 못했기 때문에 가난하게 살 수 밖에 없었다. 위대한 명품의 가치를 아는 자만이 진정한 행복을 소유 할 수가 있다.

교사!

참으로 위대한 호칭이다.

듣기만 해도 가슴이 벅찬 부르심이다. 하나님의 자녀 된 축복을 누리

고 있는 교사들이 내게 있는 예수 그리스도를 증거할 수 있고 가르칠 수 있다는 것은 엄청난 가치를 가지고 있는 축복이다.

교사인 나를 가르치기보다는 교사로서의 교사인 예수를 가르치며, 성경공부 몇 번 더 하는 것이 아니라, 교사의 가르치고자 하는 열정이 교육의 효과로 나타날 수 있도록 하기 위해서 철저한 교사교육이 있어야 한다.

다시 말해서 교회부흥은 교사의 부흥에 있다. 제대로 예수로 훈련되어지고 체질화된 교사 몇 명만 있어도 교회는 엄청난 속도로 바뀔 것이다.

필립부룩스(Phillip brocks)라는 유명한 설교가는 언제나 한 통의 편지를 서랍 속에 간직하고 있었다. 그 내용은 한 주일학교 교사가 '주일마다 목사님의 설교를 듣노라면 목사님의 얼굴은 잊어버리고 예수님의 얼굴과 십자가를 생각하며 은혜를 받고 있다는 말이었다.

교사는 예수를 보여 주어야 한다. 즉 예수만을 보여주는 선한 교사가 되려면 진정한 말씀을 통한 변화가 먼저 있어야 하고 자신의 가치를 새

삼 깨달아야 한다.

교사 한사람 한사람이 예수님의 참 제자가 될 때 예수님을 증거하고 예수님을 변호하는 참 교사가 될 수 있다.

그러므로 자신의 가치를 깨닫는 교사는 성령의 나타남과 능력으로 외치는 교사이어야 한다. 성령의 도우심을 끝없이 구하며 기도하며 어린이들 가슴속에 예수를 심는 성령의 사람이 되어야 한다."위대한 사람은 위대한 사람을 만나야 한다"는 말처럼 어린 심령들에게 위대한 교사인 예수를 만나게 할 때 한국교회의 내일이 있을 것이다.

이 작은 책을 통해 교사들의 가슴속에 주님을 사랑하는 열정이 타오르고 그 사랑함으로 어린이들을 잘 양육하는 쓰임 받는 일꾼들이 되기를 바란다.

1999. 6.

주　　금　　용 목사

가치를 아는 교사가 되라

목 차

말로 가르치지 말고 말씀으로 가르치라

말로 가르치지 말고 말씀으로 가르치라

1

말로 가르치지 말고 말씀으로 가르치라

꿈을 가지고 사는 사람이 얼마나 되는가? 70%로는 꿈이 없는 사람들이고 나머지 30%가 꿈을 가지고 사는 사람들인데 그 꿈을 실행으로 옮기는 사람은 3%라고 한다. 우리도 꿈이 있지만 그것을 실행에 옮기지는 못한다.

특별히 교사로서 각자에게 주어진 꿈이 있을 것이다. 우리가 그 꿈 실행에 옮길 수 있는 3%에 속하느냐 않느냐는 백짓장 한 장 차이이다. 앞면이냐? 뒷면이냐? 의 차이로 우리의 인생이 달라지는 것이다.

지금의 우리의 상황, 환경에서 우리가 할 수 있는 일이 무엇인지를 알고 어떻게 하면 하나님 쪽으로 가까이 갈 것인가 라고 하는 한가지만 바꾸라. 한가지만 고집하라.

예수의 꿈

우리는 이렇게 많은 것을 보고 많은 도전을 받아도 아무런 변화를 받지 못할 때가 많다. 도전을 받고 꿈까지 꾸지만 행동에 옮기지를 못하는 것이다.

꿈을 가져라. 그러나 그 꿈과 비젼이 우리의 하잘 것 없는 것을 이루고자 하는 것이라면 우리의 삶은 쓸데없는 삶이 되어버릴 것이다. 그렇기 때문에 우리들의 꿈이 예수의 꿈이 되어야 하고, 청소년들에게 예수의 꿈, 어린이들에게 예수의 꿈을 심어주어야 한다.

그 예수의 꿈을 그들에게 잘 심어주려고 이론을 배우고 실제를 배우고, 교육학을 배워서 그들을 주님 방향으로 인도할 수 있는 인생으로 만들어 가는 작업을 우리들의 교회학교라는 현장을 통해서 되어져야 하는 것이다.

지금까지 우리는 많은 것을 배웠다. 몰라서 못하는 것이 아니고 우리가 실행에 옮기지 못한다는 사실이다. 그렇게 하지 못하는 근본적인 이유는 우리 스스로가 그것에 대한 필요를 느끼지 못한다는 것이다. 필요를 느낄만한 기도의 열성이 없다는 것이다.

초점은 바로 예수를 주자는 것이다. 그 예수를 주는 것에 있어서 내가 받지 못한 예수를 준다는 것은 불가능하다. 육상 선수 아베베란 사람은 맨발로 달려서 금메달을 목에 걸고 그 다음 올림픽에 나와서 또 금메달

말로 가르치지 말고 말씀으로 가르치라

을 따고서 돌아가는 길에 교통사고를 당하게 된다. 모든 것이 절망적이고 끝난 것 같았지만 그는 절망하지 않고 장애인 올림픽에 나가서 또 금메달을 따낸다.

이 이야기는 무얼 의미하는가? 끊임없는 목표가 있는 사람은 성공이 따라 온다는 사실이다. 설사 성공하지 못한다 할지라도 목표를 이루어 가는 과정 자체가 성공인 것이다.

우리의 힘과 능력은 이 천지만물을 지으신 하나님으로부터 나오는 것이다. 못 배우고 이론적으로 정립이 안되었으면 어떤가? 이제부터 배우고 이제부터 정립해 나가라. 이제부터 시작이다.

오늘에 충실한 사람에게는 영원한 내일이 있다. '내일 일을 염려하지 말라. 오늘의 일은 오늘에 족하니라. 너희가 염려한다고 키가 한자나 자라겠느냐? 걱정하지 말라.'고 예수님은 말씀하고 계신다. 걱정이 없는 인생, 걱정이 없어서 걱정인 인생, 자랑할 것이 너무나 많아서 고민하는 인생, 예수자랑, 받은바 간증거리가 많아서 앉으면 전하고 싶은 인생이 되어라.

거룩한 욕심을 부리는 자, 그리스도 안에서 최고가 되려는 의식을 가져라. 최고가 되려는 사람은 소극적인 마음, 창피하고 수치스러운 마음부터 버려라. 그래서 인생을 어렵게 살지 말고 그분 안에서 행복하게 살아라.

말로 가르치지 말고 말씀으로 가르치라

이 세상에는 두 가지 종류의 사람들이 있다. 사탄에 이끌림 받는 사람과 하나님의 이끌림을 받는 사람 즉 성령에 이끌리는 자들이다. 이렇게 사단에 묶인 사람을 해방시킬 수 있는 것은 바로 예수의 이름이다. 예수의 이름이 능력이다. 어둠은 빛으로 물러가듯 아무리 강한 사단일지라도 예수의 능력으로 물리칠 수 있다.

근본적으로 치유하라

근본적인 문제를 해결해야 한다. 암에 걸린 환자를 고쳐주는 것도 축복된 일이지만 왜 암에 걸리는지에 대하여 근본적인 해결을 주는 것이 중요한 것이다.

암 환자나 중병에 걸린 모든 환자들을 보면 그들이 정말로 복음에 답을 얻고 뒤집어지지 않으면 병은 나아지지 않는다. 암에 걸려 죽은 환자를 가진 자식들은 암에 걸릴 확률이 많단다. 그렇지 않기 위해서는 바꿔야 한다. 음식이나 체질을 말이다.

복음으로 뒤집어지면 어떤 병도 녹아지고, 쏟아진다. 중요한 것은 사단이 우리를 어떤 차원에서, 어떻게 공략하는 줄을 알고 성경을 이해하면 성경의 맥이 잡히고, 이해가 된다. 이것을 모르고 성경공부를 하면 절대로 되어지지 않는다.

우리 자신들은 죄의 체질에 익숙해져 있다. 바꾸어야 한다. 바꿀 길은

오직 예수다.

　인간관계훈련, 결혼은 어떻게 할 것인가? 부부생활은 어떻게 할 것인가? 이런 것들이 성경 안에 다 들어 있다. 사람들은 술을 어떻게 끊고, 마약은 어떻게 끊을 것인가라는 부분적으로 나타난 현상만으로 해결하려고 하지만 할 수가 없다.

　왜 술을 마시고, 왜 마약을 하는지에 대해 근본적으로 해결해야 하는 것이다. 위장이 안 좋아서 지저분해진 얼굴을 연고만 바른다고 해결이 되는가? 잠깐은 들어갈 수 있지만 다시 나오게 된다. 근본적 문제인 위장병을 치료해야 하는 것이다.

　이렇게 부분적인 현상만을 치유하려고 하기 때문에 교회에 생명이 없는 것이다. 생명을 줄 수 없고, 말씀을 주어도 능력이 없는 것이다. 근본적인 문제를 알고 나면 말씀 보는 것이 얼마나 즐거운지 모른다. 자신이 직접 교재를 써서 아이들하고 같이 성경 공부를 해 보라. 은혜가 넘쳐날 것이다.

　우리가 은혜 받은 말씀을 아이들에게 가르쳐야 한다. 좋은 교재를 선택하는 것이 중요한 것이 아니다. 자신에게 맞는 은혜 받은 교재를 택하라. 그래서 자신이 정말로 받은 은혜를 나누는 것이 중요하다.

　전혀 모르는 이야기를 성구사전에서 찾아서 은혜도 없고, 고백도 없는 말씀을 준다면 거기에 생명이 있겠는가? 내가 은혜 받지 못했는데

말로 가르치지 말고 말씀으로 가르치라

어찌 받는 사람이 은혜 받을 수 있겠는가? 교사가 은혜 받지 못한 이야기가 어찌 은혜가 되겠는가? 막힌 담을 헌 예수 그리스도가중심이 되어야 한다.

어린아이가 엄마의 품을 떠나 젖을 먹지 않으면 죽는 것처럼 하나님을 떠난 인간은 죽는다. 인간과 하나님과의 끊어진 다리를 어떻게 건너가느냐? 돈으로도, 명예로도, 권력으로도 되어지지 않는다. 바로 예수 그리스도만이 끊어진 다리를 연결해 주시는 분이다.

이것이 핵심이다. 그러나 이것 하나도 못 가르치면서 성경공부 다 했다고 한다. 공부를 해도 능력이 없으면 아무 소용이 없다. 계단공과 몇 과를 하느냐도 중요하지만 얼마나 생명력이 있는 말씀을 주느냐가 문제다.

근본적인 우리들의 문제는 한가지이다. 하나님을 떠난 인간은 병들고, 찌들고, 가난하고, 죽음으로 갈 수밖에 없다는 사실을 깨닫고, 이것을 가르쳐야 한다. 설사 우리의 육체가 죽는다 할지라도 그분에게는 영원한 생명이 보장되므로 그분을 바라보아야 한다. 그럴 때, 우리 속의 생명의 역사가 약동하고, 힘이 솟아난다는 사실이다.

성경공부 이렇게 가르치라

가장 좋은 시간을 하나님께 드리고, 성경공부 시간으로 드리라. 졸린

시간은 아이들에게 휴식을 주라. 성경공부 시간에 하나님이 가장 기뻐하시고 좋아하시는 믿음에 관해 가르치라.

이것은 그림 하나로도 설명할 수 있다. 내 속에 예수가 중심이냐 내가 중심이냐 세상이 중심이냐를 가르쳐주는 그림으로 설명하는 것도 중요하다. 신기하게도 건강한 사람은 건강한 태도를 가지고 있다. 공부 잘하는 아이는 습관이 좋다. 이들이 공부를 잘하고 싶다고 기도를 하면 공부를 잘하게 되는 결과보다는 공부를 잘 할 수 있게 하는 예수 그리스도의 능력의 원천을 가르쳐 주라. 그것이 바로 믿음이다.

성경구절을 읽고서 그냥 설명을 하면 안 된다. '믿음이 뭐니?' 라고 먼저 질문을 해 보라. 아이들이 돌아가면서 답변을 할 때 '그것도 모르니?' 라고 꾸짖지 말고, 무슨 대답을 하든지 끝까지 들어 주라. '다시 한번 이야기할 사람 없니?' 라고 말한 후에 교사로서 어떠어떠하게 생각한다, 성경은 이렇게 말하고 있다라고 말해 주라.

성경구절을 찾아가면서 믿음에 대해 말해주면 아이들 스스로 자신이 알고 있던 믿음이 어떤 부분에서 잘못됐다는 것을 알게 된다. 그러나 우리들은 자꾸 설명을 하려고 한다. 설명보다는 그들의 이야기에 귀기울이는 것이 중요하다. 이 방법보다 더 좋은 성경공부는 없다. 수련회 가서 교재를 다루는데 연연해하지 말라. 첫째 날 성경공부를 끝마칠 때 믿음에 대하여 배우다가 그냥 끝나고 내일로 이어지게 하면 안 된다. 예수

그리스도의 보혈의 피가 우리를 구원했다는 복음과 관련지어 말씀을 끝내야 한다. 모든 설교의 절정이 바로 예수그리스도의 피, 우리가 구원함을 받았다는 그것이기 때문이다.

우리 모임의 마지막이 그것이 되어야 한다. 완전한 성경공부, 완전한 복음을 전해 주어야 한다. 예수 그리스도가 우리를 위해 죽으시고 우리는 그분과 같이 부활했다는 사실을 가르쳐주고 끝을 맺어야 한다. 그래야 그 성경공부에 능력이 생긴다.

교재를 보고 질문을 하면 많은 답변이 나올 것이다. 그 답변을 다 듣고 난 후에 성경을 찾아보고 말씀을 전하라. 교사가 많이 모를지라도 성경에 전부 말씀해 주시고 계신다.

또 시작하기 전에 통성으로 기도하고 시작하면 성령이 역사 하신다. 우리교회는 당회, 제직회, 공동회등 각종 모임에는 모두 통성으로 뜨겁게 기도하고 시작한다.

그러나 우리는 인간적으로 나에게 있는 것들을 주려고 하기 때문에 문제다. 우리 자체는 아무 것도 줄 것이 없다. 말씀이 무엇인가? 바로 예수를 주는 것인데 우리가 몸부림친다고 예수님의 복음이 나올 리가 없다. 성령이 주시는 감동에 따라 우리는 말씀을 뱉기만 하면 되는 것이다.

이 복음이 전해지지 않으니까 아이들이 말씀이 재미 없다고 한다. 은

혜가 없으니까 재미가 없는 것이다. 그러나 은혜가 있으면 재미를 찾지 않는다. 아이들이 은혜 받고 눈물을 흘리는 역사가 일어난다.

성령이 눈물로 역사하면 말씀이 끝나지 않았어도 '이 시간 하나님이 우리에게 역사하시고, 그분을 받아들이고, 용납하고, 우리들의 심령을 그분께 맡기자' 라고 말하고 다같이 무릎꿇고 통성기도를 하면 그때 놀라운 역사가 일어난다. 그럴 때 방언도 터지고 신비한 은사도 체험하게 되는 것이다.

그런데 우리는 여태까지 그런 성경공부를 하지 못했다. 그리고는 진도 나가는 것이 목적이 되어 왔다. 모르는 것을 진도만 빨리 나간다고 무슨 소용이 있겠는가? 교회 나가서 앉아 있는 것이 최고가 아니다.

그렇게 눈물 흘리고 성경 공부하고 나면 아이들은 다음 주일이 기다려지는 것이다. 그러나 우리는 그 작업은 하지 못하고 오늘은 또 무슨 재미있는 이야기로 아이들을 웃길까? 라고 고민한다. 아이들에게 진정한 복음을 줄 수 있는 위대한 지도자가 되라.

다른 방법은 없다

다른 방법은 없다. 복음의 핵심을 선포하는 그때부터 힘이 생기고 깨어서 일어나는 것이다. 어떤 성경구절을 가지고 흥미를 유발시킬까? 라고 고민하지 말고 하나님 말씀이니까 반드시 하나님이 역사할 것이라는

믿음을 가지고 말씀을 증거하라. 하나님의 놀라운 역사가 있을 것이다. 이런 식으로 주일학교 어린이들에게 예수의 피, 보혈의 피가 우리를 구원하고, 용서했다고 전할 때 어린 심령에 역사하시는 하나님의 능력을 볼 것이다.

열정을 가지고 기도하라. 고상하고 경건하게 조용히 앉아서 기도하는 것도 나쁘지는 않지만 정말 은혜 받은 사람은 열정과 힘이 솟아난다. 이런 분위기에서 아이들에게 통성기도를 시켜보라. 기도 못하던 아이들에게 '성령이 우리가운데 역사하셔서 기도하게 하신다'고 말하고 기도를 시키면 아이들은 예민해서 하나님의 많은 역사가 있다.

어른들보다 오히려 중고등부나 어린이들이 은혜 받기는 더 쉽다. 어린이들은 예수를 믿으려고 마음만 먹어도 성령이 오셔서 역사하신다. 우리가 그 어린 심령들에게 주일학교부터 은혜를 주면 거기서 우리의 미래를 짊어질 만한 목회자와 지도자가 나올 것이다.

우리들이 아이들에게 기도 쉬는 죄를 범하게 만든다는 것은 사실이다. 아이들에게 어리니까 유아실에 가서 놀라고 하고 다른 곳에 가서 조용히 하고 있으라고 말한다. 그리고서는 어른들만 은혜 받는다. 왜 아이들을 소외시켜야만 하는가?

그래서 어린아이들을 위해 새벽기도를 만들어 보았다. 처음엔 두 명이 나왔다. 설교랄 것도 없이 성경을 3장씩 읽고 통성기도를 했다. 두

명 나온 어린아이가 얼마나 귀한지 그들을 위해 안수기도를 했다. 이 아이들을 정말 축복해 달라고 기도했다.

안수기도를 한다고 소문이 나자 은혜 받은 집사님들이 아이들을 보내기 시작했다. 그렇게 일주일이 지나니까 50명으로 늘어났다. 안수하며 기도했더니 그 어린아이들에게 방언이 터지는 놀라운 역사가 일어나는 것이다. 50명이 안수 받고 방언이 터지고 나니까 나오지 말라고 해도 새벽에 나오는 것이었다. 전도하지 말라고 해도 전도가 되어지고 그들 속에 생명이 있으니까 저절로 성장이 되어졌다. 2개월 정도 지나니까 학부모들이 같이 나와서 기도가 되어졌다.

6개월을 이렇게 했더니 지식적으로 논리적이고, 똑똑한 집사님, 권사님, 장로님들이 모여서 불평을 하기 시작했다. '우리 아이가 새벽에 나가서 기도하는 것 때문에 키가 안 자란다고, 또는 우리 아이가 새벽에 나와서 기도하는 것 때문에 공부를 못한다' 라고 말들을 하기 시작했다.

그때 나 자신도 피곤했던지 이제 그만 해야겠다는 생각이 들어서 더 이상 새벽기도를 하지 않았다. 그랬더니 그 50명의 아이들이 자기들끼리 나와서 방언하고 기도를 하는 것이었다.

아이들이 30분 이상 기도한다는 것은 쉬운 일이 아니다. 우리는 어린아이들의 영력을 너무 무시하고 있다. 어린 심령들 속에 하나님의 도구로 쓰임 받을 만한 예수의 생명이 들어가면 우리가 알 수 없었던 큰 일

말로 가르치지 말고 말씀으로 가르치라

들이 일어난다. 어린아이들은 이런 식으로 점점 부흥을 시켰다.

또 중고등부를 맡았을 때는 가서 보니까 찬양이 죽었고, 기도가 죽었고, 말씀이 죽어있었다. 그때 나는 그들에게 영혼의 찬양을 가르쳐 주었다. 목소리로 아름답게 찬양을 하는 것이 아니고, 마음가운데서 예수의 심정으로 찬양하는 것을 가르쳤다.

수련회를 가서 찬양을 하는데, 한 곡을 가지고 세 시간, 네 시간을 불러도 아이들이 그칠 줄을 모르는 것이다. 일어나라고 하지 않아도 일어나고, 손들라고 하지 않아도 손을 들고, 눈물을 흘리고, 회개가 되어 지는 역사가 일어났다.

찬양 속에 거하시는 하나님, 찬송은 곡조있는 기도라는 것을 아이들이 깨닫고, 그 심령들이 변화되고, 그들 머리에 손을 얹으면 역사가 일어나는 것이다. 점심때가 지나는 줄도 모르고, 다음 프로그램을 진행해야 하는데 아이들의 기도가 끝나지 않는 것이었다.

나는 시작했을 뿐인데 하나님의 역사는 폭발적으로 일어났다. 인간의 갖가지 방법과 힘으로는 할 수 없다. 성령 충만하니까 성령의 폭발이 일어나는 것이다.

예수생명을 넣어주라

예수 생명을 넣어 주라. 성령 충만함을 힘 입혀 주라. 그러면 전도하

말로 가르치지 말고 말씀으로 가르치라

지 말라고 해도 전도를 하고, 변하지 말라고 해도 변하여 기도한다. 이것은 하나님의 능력이다. 프로그램이나 2부 순서가 중요한 것이 아니라 그저 기도하고 찬양하고 성경공부하는 것을 반복해 보라. 교육은 반복이다. 체질은 반복될 때 개선된다.

우리는 아이들에게 너무 맛있는 것, 너무 재미있는 것, 너무 좋은 것, 너무 기막힌 것만을 줄려고 하기 때문에 아이들의 눈은 갈수록 높아져서 더 이상 재미가 없을 때는 세상으로 가버리고 만다. 세상으로 가서도 점점 재미있는 것을 찾다가 점점 타락하게 되는 것이다. 결국 본드를 마시고 마약을 하는 타락한 아이들로 변하는 것이다. 예수의 생명과 진정한 생수를 넣어주지 못하니까 그들이 헤매는 것이다. 그들이 헤매는 것이 우리의 책임인데도 우리들은 어떻게 하면 성장할까에만 급급해하고, 심방을 가라고 하니까 마지못해 가고, 그저 대충 성경공부를 한다.

막무가내로 아무런 목적도 없이 직분을 감당하지 않는가? 이것이 바로 우리가 회개해야 할 일이다. 최선을 다하라. 자신의 재능으로 자랑하기보다는 최선을 다해야 한다. 하나님은 잘나고 못난 것을 가리지 않으시고, 최선을 다하는 자를 사용하신다. 최선을 다할 때 최고가 된다.

예수 생명이 있는 자들에게는 하나님께서 친히 함께 하시고, 능력주시고, 모든 것을 책임져 주신다. 성장에만 목표를 두고 몇 명 돌파에 관심을 갖지 말라. 가장 기본적인 세포조직인 분반조직으로 어린 한 심령

말로 가르치지 말고 말씀으로 가르치라

에게 예수생명을 주면 아무 것도 아닌 것 같지만 거기서 싹이 돋고, 열매가 맺고, 폭발이 되어 진다.

부흥하지 말라고 해도 교회학교 교실이 좁아서 아우성치는 놀라운 역사가 일어나게 될 것이다. 이런 현상이 우리 각자 교회에, 교회학교에, 성경학교를 통해서 나타나야 한다.

가장 중요한 하나님의 말씀을 들려주지 못하고 교회학교가 아닌 재미학교가 되어가고 있다. 그러니까 아이들이 이 교회, 저 교회 다니면서 상품만 받는다. 이런 식으로 아이들을 물질로 현혹하고 있는 것이다.

이것이 바로 우리의 책임이다. 아이들에게 예수를 바라보고 나오도록 해야 하는데 우리는 너무 쉽게 아이들을 전도하고 너무 쉽게 아이들을 망치고 있다. 어렵게 예수를 전할지라도 한 생명이 교회에 오면 예수의 생명 때문에 영원히 변하지 않는 사람으로 만들어 가야 한다. 그것이 폭발이다.

직분가지고 천국에 가는 것이 아니다. 내가 아무리 직분이 없고 평교사라 할지라도 그 가슴속에 예수 생명이 있으면 누가 뭐라고 해도 주님은 아신다는 것이다. 정말로 교회가 이 시대에 우리에게 무엇을 필요로 하는지를 알라. 즉 우리를 향한 하나님의 계획을 발견해야 한다.

말로 가르치지 말고 말씀으로 가르치라

하나님의 계획을 발견하라

사도행전 3장에 미문에 앉은 앉은뱅이 이야기가 나온다. 베드로와 요한이 항상 그곳을 지나다녔지만 그 영혼을 바라보지 못하고 동전만 던져주었다. 그러나 그날은 그 앉은뱅이의 육신이 아니라 영혼이 보였다. 그리고 돈 몇 푼으로 불쌍한 인생을 건질 수 없다는 것을 깨달았다. 그 사람은 나면서부터 앉은뱅이였다. 저것을 고칠 수 있는 것은 나사렛 예수의 이름, 예수 생명이라는 것을 깨닫고 그에게 예수를 주니까 그 사람이 일어나서 예수를 찬양했다는 사실이다. 평생 일어설 수 없다는 고정된 관념이 예수의 이름으로 깨어졌다는 것이다.

그러나 우리는 예수의 생명을 주지 않고 다른 것을 주니까 안 되는 것이다. 아이들에게 생명을 주면 성장하게 되어있다. 생명의 씨는 더러운 거름덩이에 떨어지면 더욱더 잘 자란다. 생명이 능력이지 다른 것이 문제가 안 된다.

이 말씀을 듣고 우리의 교회와 교회학교가 근본적으로 예수 때문에 변화되고 성령 충만하여져서 그리스도의 부흥을 이룰 수 있도록 우리가 밤이 맞도록 기도하고 어린 심령을 위해서 금식하며 기도로 준비하면 예수의 엄청난 삶이 이 땅에 넘쳐나게 될 것이다.

시시한 것 때문에 몸 바치지 말고 어린 심령들 때문에 시간을 드리고 몸을 바쳐야 한다. 그렇게 하면 하나님께서 영광 받으시고, 우리의 인생

말로 가르치지 말고 말씀으로 가르치라

이 근본적으로 예수의 인생으로 변화된다는 사실을 알아야 한다. 생명이 있는 사람이 성장한다는 사실을 기억하고, 예수생명을 어린 심령들에게 주면서 기도를 가르치라. 기도로 변화시키시고, 기도로 성령충만하게 하라.

말씀을 전하면서 눈물을 흘려 본적이 있는가? 떠드는 아이들의 영혼을 위한 교사의 눈물어린 기도는 아이들을 감동시킨다. 그러나 그런 열정은 우리가운데 없고 성경공부나 하고 연구만 하려고 하니까 안 되는 것이다.

정말 어린 심령들 앞에서 가르치는 것이 어렵다면 무릎꿇어 기도해 보라. 하나님께서 지혜주시고, 어린 심령에게 선생님을 사랑하는 마음을 주셔서 말씀을 잘 듣게 해 주신다. 어린 심령들이 선생님을 향해 사랑을 표현할 때 얼마나 기쁜지 그 기쁨은 교사들만이 알 수 있는 것이다.

교사는 위대한 하나님의 목자이다. 그러나 우리는 아이들을 예수의 피의 관계로 보지 않고 하나의 객관적 관계로 바라본다. 이만큼 체계적이고, 구체적인 방법은 없다. 우리는 어차피 부족한 인간들이기 때문에 그분께 맡겨야 한다.

이제부터 우리의 인생을 기도하는 인생으로 바꾸어야 한다. 어린 심령을 가르치면서 하나님을 바라보고, 나의 부족함을 깨우치고, 나의 삶

에서 최선을 다해야 한다. 성장이 목표가 아니고 어린 심령에게 예수의 생명을 심는 것이 나의 할 일이요, 나의 목표인 것을 깨닫고 이것을 위해 하나님이 우리를 세우신 것을 믿으며 성경학교를 준비하라. 그러면 반드시 우리들의 생애 속에 그리스도의 위대한 흔적이 나타나게 될 것이다.

2

교회학교 폭발적 성장을 위한 자들이여!

나는 강의에 설 때마다 내가 어떻게 하면 재미있는 강의를 할 것인가? 내가 어떻게 하면 인기 있는 강의를 할 것인가? 내가 어떻게 하면 사람들의 평생의 기억에 남는 강의를 할 것인가? 라는 마음으로 서지 않는다.

나는 강단에 설 때마다 어떻게 하면 하나님의 말씀을 대언해서 듣는 이에게 은혜를 끼칠 것인가? 라는 마음으로 선다. 그래서 '저는 부족하지만 하나님의 은혜는 나타나야 합니다. 하나님께서 역사하여 주옵소서.' 라고 항상 그런 마음으로 기도하며 단에 선다.

재미있는 강의보다, 지루하지 않은 강의보다 하나님의 은혜를 듬뿍 받는 강의가 되어야 한다. 은혜만 받으라.

은혜 받으면 되게 되어 있다

교회학교가 왜 성장하지 못하는 줄 아는가? 한마디로 은혜 받지 못한 사람들이기 때문에 성장을 못시키는 것이다. 누가 은혜 받지 못하는가?

첫 번째로 목사님들이 은혜 받지 못하고, 두 번째로 전도사님들이 은혜 받지 못하고 세 번째로 부장 집사님들이 은혜를 받지 못하고, 네 번째 총무 선생님들, 교사들이 은혜 받지 못한 것이다. 그러니까 티없이 맑은 어린아이들이 은혜를 받지 못하는 것이다.

그러면서 왜 우리 교회학교는 성장을 하지 않느냐고 물어보면 교사들은 우리 전도사님이 무능하다고, 전도사님은 우리 목사님이 원래 교회학교에 관심이 없다고 핑계를 댄다.

그리고 목사님은 '우리 교회 장소가 안 좋아서, 교파가 안 좋아서, 위치가 안 좋아서' 라고 말한다. 갖가지 핑계, 이유를 통해 자기들의 은혜 받지 못한 것을 오히려 자랑하듯이 남들에게 우리는 그렇기 때문에 성장하지 못한다고 내놓는다. 성장조건을 찾기보다는 오히려 성장하지 못할 조건만을 찾는다.

사람은 두 종류로 나뉘어 진다. 은혜 받은 사람은 할 수 있는 조건을 찾고, 은혜 받지 못한 사람들은 안 될 조건을 찾는 것이다.

교사를 하면서, 어린 심령을 가르치시면서 우리의 입술이 부정적이고 따지기를 좋아하고, 비판적이라면 그 사람은 은혜를 다시 받고 오든지

교사를 그만 두어야 한다. 그것을 안 하면 그 사람 때문에 교회학교가 되어지지 않는다.

한 사람, 목사님이 제대로 되면 그 교회는 부흥한다. 전도사님들 교사들이 제대로 되면 그 교회학교는 부흥한다. 그러나 한 사람이 잘못되어 가니까 어린 심령들이 잘못되는 것이다. 그러면서 아이들을 잘 못한다고 온갖 말로 꾸짖는다. 때로는 나가서 서 있으라고 하고 손들고 서있으라고 뒤로 내보내기도 한다. 집에 가라고 한다.

그러나 가르치는 자가 먼저 은혜를 받아야 한다. 어떤 은혜를 받아야 하는가? 예수의 생명을 가져야 한다. 내는 한국선교교육협회를 발족할 때 "예수생명 참교육" 이라는 취지로 발족을 했다.

이 땅에는 많은 프로그램, 많은 학문, 많은 학설 등 듣기 좋은 말들이 많이 있지만 거기에는 한가지가 빠져 있었다. 바로 예수 생명이 없는 것이다. 그래서 아이들이 이론적으로는 들어서 머리는 커지는데 가슴이 없다. 지도가 되어지지 않는 것이다. 온갖 핑계와 이유를 들어서 예수만 멀리하려고 한다.

생명이 없으면 성장이 되지 않는다. 물과 성령으로 거듭나야, 예수 생명을 가슴에 가져야 성장하는 것이다. 그런데 어떻게 하면 아이들에게 재미있는 것을 줄까? 만 생각한다. 그래서 레크레이션, 포크댄스, 율동 같은 것은 잘 가르친다. 이런 것들이 예수 생명을 주는 것이라고 말하지

만 그 내막을 들여다보면 그렇지 않은 것들이 너무나 많다.

나는 강습회에서 강의를 맡은 강사들에게 한가지를 부탁한다. 가지고 있는 기능을 주기보다는 예수 생명을 주라고 말이다. 그 속에 진정한 생명이 있고 그래야 성장하는 것이다.

예수 생명을 가져라. 교사가 생명을 갖고, 전도사가 생명을 갖고, 부장님이 생명을 가져야 한다. 예수 생명이 없으면 아무리 좋은 것을 가져다 준다해도 그때 뿐, 마지못해 교회에 나와 앉아 있는 것이다.

생명이 없는 사람들은 찬양을 부를 때도, 앉아 있는 모습을 보더라도 눈빛과 행동이 활기가 없다. 우리가 잠을 자든, 밥을 먹든 모든 일을 할 때 그 가슴에 예수 그리스도와 함께 죽고, 그분과 함께 부활한다는 예수의 생명이 있는 삶을 살아야 한다.

한국 교회학교를 담당하는 지도자들에게 이것을 외치고 싶다. 우리가 해볼 것은 다 해보았다. 교육학이 부족한 게 아니다. 기능이 부족한 것도 아니다. 우리의 율동 실력은 그야말로 대단하다.

그러나 그전에 우리가 손 한번 올릴 때마다 하나님을 찬양하는 몸짓으로, 우리가 눈 한번 돌릴 때마다 하나님을 바라보는 눈빛으로 찬양할 때 이런 것 때문에 감동하고 감격해서 눈물을 흘리는 교사, 그런 생명이 있는 교사가 될 때 아무리 율동을 못하고 설교를 못할지라도 그런 교사들의 열정 때문에 아이들에게 예수 생명이 전달되는 것이다.

말로 가르치지 말고 말씀으로 가르치라

이것이 바로 성령의 역사이다. 예수가 있는 자만이 이 땅의 하나님의 큰일을 감당할 수 있는 것이다. 사람이 이왕이면 잘나고 이왕이면 공부를 많이 하는 것도 중요하다. 그러나 사람에게 예수 생명이 있는 그때부터 하나님은 그 사람을 쓰시기 시작하신다는 사실이다. 그러기에 우리 속에 예수 생명이 있으면 한국 교회가 변화되고 세계가 우리들을 주목할 것이다.

믿음의 배짱을 가져라

이런 믿음의 배짱을 가져라. 이것은 사람의 배짱이 아니고 하나님이 주신 배짱인 것이다. 예수가 내 안에 있는데 무엇이 부족하겠는가? '여호와는 나의 목자시니 내게 부족함이 없으리로다.' 라는 고백이 있어야 하는 것이다. 그러면 우리에게 걱정거리가 사라진다. 몸에 병이 생기지 않을까? 내게 불행이 닥쳐오지 않을까? 이런 걱정을 할 필요가 없다.

교회학교 성장을 위해서 예수 생명이 있어야 한다. 어떻게 해야 생명을 갖는가? 하는 것이 가장 중요하다. 어떤 사람은 생명을 돈으로 사려고 한다. 어떤 사람은 생명을 지식으로 사려고 한다. 또 어떤 사람은 생명을 공부를 해서 무엇인가를 다 안다고 생각한다. 그러나 방법은 단 한가지 기도밖에 없다. 기도 외에는 다른 유가 없는 것이다.

우리가 성장, 성장을 외치고 있다. 성장하는 방법 중 하나가 바로 기

도인 것이다. 그러나 우리는 이것을 다 알고 있다. 그것이 문제이다. 다 아는 얘기는 배우려고 하지 않고 모르는 얘기만 배우려고 다닌다.

모르는 말만 쫓아다니는 사람은 모르는 것을 배워서 머리는 커질지 모르지만 아는 것을 실행에 옮기지는 못한다. 가장 중요한 '기도 외에는 다른 유가 없느니라' 는 하나님의 말씀을 지켜나가지 않는 것이다. 기도 안하고 교육만 쫓아다니면 무슨 소용이 있는가? 하나님께 매일 외치는 자, 기쁨의 탄성으로 기도하는 자를 하나님은 쓰신다.

강원도 성결교 지방회에서 연합집회를 해달라고 한다. 와서 폭발적인 교회학교 성장방법에 대해서 설교해 달라고 한다. 어떻게 성장하지 않는 교회학교가 성장할 수 있는지를 알려 달라고 한다. 그래서 나는 이렇게 말했다. 답은 기도밖에 없다고 말이다. 그렇게 간단한 것이다.

새벽기도도 안 하고 심야 기도도 안 하면서 교사 하니까 매일 불평이 끊이지를 않고 불만을 하는 것이다. 다 참석하는 데도 안 되는가? 그러면 아주 뒤집어 질 정도로, 목이 찢어질 정도로 열심히 기도 해 보라.

하나님의 귀가 닫히고 있다. 왜? 사람들의 마음이 너무 강퍅해져서 하나님의 귀가 막혀버렸다. 그래서 소리쳐야 들으신다. 그러면 교회학교는 성장한다.

어떤 어머니에게 초등학교 2학년 딸이 있는데 그 딸을 보면서 기도를 한다. '하나님 우리 딸이 빨리 아기를 낳게 도와 주시옵소서'라고 기도한

다고 그 어린아이가 아기를 낳을 수 있는가? 때가 되면 다 낳게 되어있다. 그것 가지고 금식하면서 통성기도하는 사람이 있는가? 기도도 효율적으로 해야 한다. 우리는 쓸데없는 기도를 하고 있다는 것이다.

기도는 우리의 욕망을 채우는 것이 아니고 하나님의 필요를 채우는 것이다. 하나님이 우리를 통해서 우리 교회에 교육을 위해서 필요로 하시는 것이 있다. 그것을 위해서 기도하라 그러면 하나님이 그 사람을 쓰신다. 엉뚱한 기도하지 말고 우리의 욕망을 채우는 기도를 하지 말라.

예를 들어 '하나님 우리 반이 1등을 해야겠습니다' 라고는 기도하지 말라, 1등 하면 뭐 할건가? 그렇게 기도하지 말고 '하나님 우리 반 철수가 실족해서 나오지 않고 있습니다. 내가 그 아이를 위해서 금식하고 기도합니다.' 라고 기도해 보라. 그럼 어린아이가 돌아온다.

이렇게 실질적인 기도를 해야 하는 것이다. 욕망을 채우지 말고 하나님의 필요를 채워야 한다. 어린 심령 하나 때문에 울고, 전도사가 교사 한 명 때문에 울면서 기도하면 그 교회학교가 왜 성장이 안되겠는가?

우리 한국교회가 너무나 관념에 빠져있고 교리나 교파에 빠져 있다. 그래서 구원론은 잘 안다. 교리는 철저하다. 그런데 예수가 없다. 어떻게 구원받느냐는 방법은 알고 있는데 그것이 내 마음에 들어와서 믿음화되지 못하고 있다. 머리는 있는데 가슴이 없다는 말이다.

예수 생명이 있는 자가 하나님 나라를 기업으로 받는 것이다. 생명이

없는 사람은 이 세상에서 아무리 착한 일을 많이 하고, 아무리 아이들을 잘 가르쳤어도 소용이 없다. 어린이를 잘 끌어 모아도 예수 생명이 없으면 헛된 것이다. 이 세상에서 아무리 패역한 자라 할지라도 예수 생명이 있으면 그 사람은 하나님의 자녀인 것이다. 이 생명을 주지 못하니까 그들에게 변화가 없는 것이다.

예수 믿는다고 하면서 왜 그 속에 예수가 없는가? 믿는 우리에게 예수가 없는 것이 문제이지 무엇이 문제이겠는가? 그래서 우리가 우리 삶을 예수님께 맞추고 그분이 내 속에 살아 계심을 알 때, 그분이 내 속에 들어와 임재하심을 느끼고 그 열정과 그 기쁨으로 어린 심령을 가르치고 기도할 때 그 속에서 폭발이 일어나는 것이다.

이것이 바로 폭발적 성장이다. 그런데 우리는 이런 폭발을 못 시킨다. 적당히 기도해서 그렇다. 적당히 믿으니까 그렇다.

우리 안에 예수가 있으니까 어떤 무엇일지라도 막힘이 없고, 밀고 나가는 추진력이 생기고, 안되면 되게 하는 믿음이 생기고, 좌절과 절망 속에서 하나님을 바라는 소망의 힘이 생기고, 그 속에서 이 땅의 우리에게 주어진 하나님의 큰일을 감당할 수 있는 영적인 힘, 파워가 생기는 것이다. 그런 배짱으로 살라.

생명을 토해내라

우리의 인생은 일생이다. 한 번 산다는 말이다. 두 번도 아닌 한 번의 삶이다. 그렇다면 최선을 다하는 삶을 살아야 하지 않겠는가? 목사까지 만들어 주셨는데 작게 살수가 없다. 아무리 골리앗과 같은 문제일지라도 다윗이 만군의 여호와를 믿고 나갔던 것처럼 그 믿음으로 나갈 수 있는 담대함을 달라고 기도한다.

지금까지 17권의 책을 쓰면서 새벽기도 끝나고 서재에 앉아 간절한 마음으로 책을 써왔다. 정말로 이 땅에 생명을 주는 책을 만들어야 겠다는 마음으로 쓴다. 그래서인지 책을 읽고 나면 힘이 생긴단다. 이것이 바로 예수 자랑이다.

은혜 받았다고, 오셔서 집회를 해달라고 전화가 온다. 그러나 내가 잘난 것은 아무 것도 없다. 예수가 내 속에 있으니까 글을 써도 예수, 나가서 복음을 전해도 예수, 이렇게 예수만 전하니까 나는 저절로 올라가는 것이다. 내가 높이는 것이 아니고 예수가 높여주신 다는 말이다.

그 분은 위대하시고 전지전능해서 못할 것이 없다고 말씀해 주신다. 그래서 이 땅 모든 것들은 예수 생명이 있는 자들에 의해 변화되는 것이다. 많이 배우고 못 배우고, 잘나고 못난 것이 중요한 것이 아니다. 잘나고 못난 것 때문에 예수의 일을 그르치지 말라. 하나님은 할 수 없는 자를 쓰게 하시고 못할 사람을 통해서 큰일을 하신다. 그래야 하나님이 영

광을 받는다.

생명을 줄 때 진정한 성장이 있다. 여러분의 입에서 성령의 불, 생명의 불을 토하라. 아이들 앞에 섰을 때 어떻게 하면 재미있게 할까 라고 하지 말라. 분반 공부할 때도 공과 책만 열 번, 이십 번 읽으면 뭐 하겠는가? 그 책의 내용이 우리의 신앙고백이 되어야 하는 것이다. 은혜 받고 전하라.

그 성경 구절을 읽고서 그것을 놓고 정말로 기도해 보라. 그러면 아이들에게 어떤 말씀을 주어야 할지 알게 될 것이다. 복음을 주되 완전한 복음을 주라.

예를 들어 '오늘은 아브라함 이야기로 끝내자' 라고 끝내지 말고 아브라함이 예수 그리스도까지 연결되는 완전한 복음으로 끝을 맺어야 한다. 우리가 어쩌면 내일 죽을 수도 있는데 우리는 그들에게 완전한 복음을 주는 일을 하지 않고 있다. 그리고는 딱딱 끊어서 계단형식으로 전한다.

하루를 살아도 예수그리스도의 복음에 빚진 자 되어 사는 마음으로, 믿음으로 살라. 우리의 친구가 아직 믿지 못하고 있다면 그런 사람에게 완전한 복음을 전하면 그 사람이 돌아온다는 것이다. 그러나 내일 전하면 되겠지, 일년동안 기도하면 되겠지. 라고 생각하니까 하나님의 역사는 일어나지 않는다.

그러나 "하나님 오늘 꼭 해야 합니다. 지금 이 시간 역사가 일어나야 합니다" 라고 하라. 그래서 성경이 '지금이 은혜 받을만한 때요, 구원의 날이로다' 라고 말씀하지 않던가? 그래서 내일 일을 염려하지 말라고 하신다.

오늘 우리의 할 일을 다 하라는 것이다. 그러면 그것으로 끝난 것이다. 내일 세상이 무너진다 할 지라도 오늘 할 일을 다 하라. 완전한 복음을 전하라. 믿어야 구원받는다고, 예수가 우리 속에 있어야 한다고, 예수와 함께 죽고 예수와 함께 부활해야 한다고 아직 믿지 않는 주위 사람들에게 전하라. 그래야 그들 속에 생명이 있고 생명이 있는 자가 성장하게 되는 것이다.

교회학교 폭발적 성장을 위한 자들이여!

3
교사가 바뀌면 모든 것이 바뀐다

인 간이 공통적으로 가지고 있는 것이 있는데 그것은 바로 죄이다. 겉으로 나타나는 것이 문제가 아니다. 진정한 문제는 죄에 있다. 죄를 가진 인간은 반드시 그런 문제가 나타나게 되어있고, 죄가 있는 인생에는 어떠한 해결점도 없다. 죄를 해결해야 모든 문제가 해결된다. 그래서 예수님은 회개하라 하신다. '회개하라 천국이 가까왔다' 라고 말씀하시고 계신 것이다.

죄를 없이 할 수 있는 것은 이 땅에는 아무 것도 없다. 길이 없다. 많은 사람들은 죄를 없이 하려고 윤리 교육을 시켜왔다. 그러나 윤리 교육, 바른 생활 교육, 도덕교육은 인간의 죄의 문제를 해결하는데 아무런 영향력을 주지 못했고, 감옥을 크게 만들어 사람들을 가두어 보기도 했지만 아무런 소용이 없었다. 그러나 예수 그리스도로 말미암아 그 심령 속

에 있는 영적인 죄성을 해결하고 나면 모든 것들이 저절로 해결되는 역사가 있다.

"나는 길이요, 진리요, 생명이니 나로 말미암지 않고는 아버지께로 갈 자가 없느니라"(요 14:6)

그러면 교사는 무엇인가? 어린 심령들에게 교사의 본, 기도하는 본, 말씀 듣는 본 등을 통해서 가르치려고 할 때 문제가 시작된다. 우리는 할 수 없다. 우리의 죄됨으로는 도저히 할 수 없지만 내 속에서 역사 하시는 성령의 가르침에 따라 어린 심령들에게 말씀을 가르치고 기도를 가르칠 때 하나님의 역사가 나타나는 것이다. 즉 교사 자신이 본이 되는 것보다 본이 되신 예수님을 가르쳐라.

선한 목자로서 우리는 부름 받았다. 목자라는 용어를 쓰게되는 사람은 세 종류이다. 바로 목사와 구역장과 교사이다. 이렇게 세 부류만이 목자인 것이다. 다른 어떤 사람도 목자가 될 수 없다. 목자는 양이 있다. 이런 양이 있는 사람에게는 하나님께서 사명감을 주신다. 양이 있기 때문에 사명감이 생기는 것이다.

사명자는 예수에 미친자다.

사명감을 가진 사람은 양을 바라보는 것이 아닌 하나님을 바라보는 자이다. 양을 바라보면 너무나 부정적이다. 우리의 눈으로 세상 모든 것

을 바라보면 문제가 아닌 것이 없다. 태양을 등지고 가는 자는 그림자가 언제나 앞선다. 그러나 태양을 바라보는 자는 그림자가 뒤에 온다.

다시 말하면 하나님을 바라볼 때 문제와 근심은 사라진다. 그러나 미치지 않으면 하나님의 일을 할 수가 없다. 돈을 주고라도, 자신을 희생하고라도 전해야 하는 것이 복음이다. 사람들이 이 말씀을 듣고 변화가 되면 교회가 변화되고, 민족이 변화되고, 우리가 가는 곳마다 하나님의 불의 역사가 일어날 것이다.

어떤 교사가 와서 말한다. "목사님 사정이 생겨서 다음 주부터 못나올 것 같습니다." 사정이 생겼다는 것은 사명감이 없어졌다는 말이다. 사명감이 없어지면 정신이 차려진다. 지극히 이성적이 되고 자기중심적이 된다. 사명감이 있는 사람들은 정신차릴 틈이 없고, 남의 불평 따위를 들어줄 시간도 없다. 은혜 받기만도 바쁜 사람이 된다.

은혜 받으면 달라진다. 교사는 그래서 사명감이 있어야 되는 것이다. 지금 시간을 따지고 돈을 따지고 하나님과 이해관계를 따지기 시작하면서 정신은 차릴 수 있을지 모르지만 우리가 정신을 차리면 차릴수록 하나님과의 관계는 더욱 멀어지게 된다. 약은 교사가 되지 말고 정신나간 교사, 예수님께 미친 교사가 되어야 한다.

교사가 바뀌면 모든 것이 바뀐다

예수를 주어라!

많은 사람이 모태신앙이라 하면서도 예수가 무엇 때문에 돌아가셨는지 모르는 경우가 많다. '그 분이 십자가를 지시니까 아팠겠구나. 물과 피를 다 쏟았으니까 목이 말랐겠지.' 이 정도 밖에 생각하지 못하는 것이다.

중고등학교 청소년들을 보면 수련회에 가서 십자가 행진을 하고 울면서 예수님을 십자가에 못박는 프로그램을 갖는다. 그리고는 밤에 잠도 안 자고 술을 마시고 포카를 친다.

무엇이 문제인가? 지식이 문제가 아니다. 아는 것이 문제가 아니다. 믿음이 없는 것이 문제이다. 예수가 없기에 사명감도, 열심도, 능력도 사라진다. 교사들의 사명감이 없어진 것도 문제이지만 예수그리스도의 십자가 사랑이 나와는 아무런 상관이 없다고 생각하는 교사가 어찌 이 땅의 젊은이들을 가르칠 수가 있겠는가?

그러면 교사훈련은 무엇인가? 십자가의 예수 그리스도와 우리와 상관이 있다고 고백할 수 있는 교사를 만드는 것이다. 그런 믿음이 안 생긴다면 아예 교사를 하지 않는 것이 낫다. 소경이 소경을 어찌 인도할 수가 있는가? 교사들이 제대로 되어야지 어린 심령들이 제대로 되는 것이다.

기도하는 교사 밑에는 기도하는 아이들이 모이고, 은혜 받은 교사 밑

말로 가르치지 말고 말씀으로 가르치라

에는 은혜 받은 어린이가 모이는 법이다. 은혜 받지 못하고 먹을 것으로 때우려고 하는 교사는 얻어먹으려는 아이들만 모이게 된다. 떡볶이 사주는 교사 밑에는 떡볶이 먹을 어린이만 모인다. 복음을 전하는 교사 밑에는 복음을 들을 어린이가 모인다. 교사가 어린 심령을 썩게 만들면 어린아이도 교사 마음을 상하게 하는 것이다.

심는 데로 거둔다는 법칙이다. 은혜를 심으면 은혜를 거두게 되고, 열정을 심으면 열정이 있는 어린아이가 나오는 것이다. 이제 내가 어린 심령들에게 무엇을 주었는지 생각해 보라.

예수만이 바꿀 수 있다

오직 예수를 주라! 예수 때문에 우리 심령이 바뀌고 전 세계가 바뀌었다. 세상의 어떤 무력가도 무력으로 세상을 지배하지 못했다. 그러나 예수님은 사랑으로 이 땅의 모든 것을 바꾸셨다.

진정한 교사훈련이란 교사가 예수로 변화되고 예수에 미치고, 예수의 삶으로 바뀌는 것이다. 눈빛이 바뀌고, 생각이 바뀌고, 모습이 바뀌어야 한다.

교사들은 사과와 같다. 한 교사가 썩기 시작하면 다른 교사들도 썩는다. 썩은 사과는 빨리 꺼내고 잘라내야 한다. 모든 교사가 다 기도하고 열심히 감당하는데 한 교사가 기도도 안하고 어슬렁어슬렁 대충 감당한

47

다면 그 교사는 빨리 잘라내야 한다.

교사대학을 운영할 때의 일이다. 200명이 넘는 교사를 매주 주일날 5시에 훈련 시켰다. 예배는 7시인데 교사대학을 5시에 한다고 하니까 교사고 부장님이고 전도사님이고 전부 오지 않는 것이다. 그러나 가장 하기 어려운 시간에 교사훈련을 할 때 오히려 역사가 더 컸다. 똑똑하고 현명해서 나름대로의 생각이 있었는지는 모르지만 하나님은 똑똑하고 현명한 교사보다는 은혜 받은 교사를 원하신다.

똑똑한 사람들은 찬양을 할 때도 음정, 박자, 멜로디에 딱 맞게, 누가 나를 보지는 않을까 하는 생각으로, 가사에는 아무런 느낌도 없이 부른다. 그러나 은혜 받은 사람은 음정, 박자는 틀릴지라도 그 속에는 은혜가 넘친다.

한 심령을 실족시키면 연자 맷돌을 목에 매고 바다에 빠지게 될 것이라는 말씀이 있다. 굉장히 강한 말씀이다. 어린 심령을 제대로 가르칠 수 없는 사람에게 절대로 어린 심령을 맡기면 안 된다. 교사가 한 명이 되든 두 명이 되든 사명감 있는 교사에게 어린아이들을 맡기라.

하나님은 다시 시작할 때 역사 하신다. 제로에서 시작하면 있는 것이 감사이다. 그러나 우리는 왜 이렇게 안 오냐고, 왜 이렇게 없느냐고, 빈자리를 바라보고 낙심한다. 있는 사람을 보고 감사함으로 빈자리를 채워 나가라. 하나님을 바라본다는 것은 있는 것에 감사함이고 주신 것에

감사하는 것이다.

하나님을 바라보면 문제가 없어진다. 그러나 없는 것 바라보면 문제 투성이다. 예수를 믿는다는 것은 우리의 방향을 바꾸는 것이다. 우리의 방향만 딱 바꾸어 놓으면 하나님께서 일사천리로 축복하신다. 축복의 방향으로 바꾸면 축복이 오고, 성장의 방향으로 바꾸면 성장이 되어진다. 이것을 모르고 성장이 아닌, 안 되는 쪽을 바라보고, 말 안 듣는 교사를 바라본다.

다시 한 번 방향을 바꾸라. 교육의 제일 원리는 긍정적 사고이다. 교사들을 칭찬하고 격려해 주는 것도 좋은 교육이다. 있는 것, 좋은 것, 은혜스러운 것, 성령 충만한 것을 바라보기만도 세월은 너무나 짧다. 부흥하지 못하는 교회는 부흥하지 못할 말만하고 부흥하지 못할 일만 저지르고 그런 프로그램만 한다.

그러나 되는 교회, 부흥하는 교회는 되는 일만 하고 될 일만 추진한다. 인물 자랑하는 것들은 인물 때문에 안 좋은 것에 빠지고, 공부 잘한다고 자랑하는 자들은 공부에 한평생 지쳐산다. 돈 자랑하는 사람은 돈, 돈 하다가 돌아버린다. 그러나 예수 자랑하는 사람은 예수의 능력으로 한평생을 누리고 산다.

사명감이 없는 교사들 100명을 다 잘라 버리고 세 명으로 시작한 교사 대학에서 교사를 모집한다는 광고를 낸 적이 있다. 자격은 성령 충만

교사가 바뀌면 모든 것이 바뀐다

한 사람, 조건은 은혜가 충만한 사람, 무학이라도 좋고, 못 배워도 좋았다. 어린 심령을 사랑할 수 있는 사람을 모집했다.

그랬더니 한 명, 두 명 사랑으로 끈끈한, 예수에 미친 사람들만 모여들기 시작했다. 성경을 많이 읽은 것이 중요한 것이 아니다. 성경을 못 읽었기 때문에 은혜 받으면 성경 읽을 마음이 생기는 것이고 내가 가르칠 수 있는 실력이 없기 때문에 은혜 받으면 실력이 생기는 것이다. 그것을 거꾸로 하면 안 된다. '하나님 복 주시면 제가 헌금 많이 할께요' 하는 것은 누구나 할 수 있는 것이다. 우리가 먼저 드릴 때 하나님께서 복 주시는 것이다.

사람들은 조건부로 믿는다. 교사조건도, 교사대학 2학년 수료 같은 것도 좋지만 새벽예배에 나와서 열심히 기도하는 교사가 얼마나 귀한가? 그렇게 모인 교사들을 모아놓고 다른 것하지 않았다.

'여러분 우리가 가르치는 것은 예수님의 능력이요, 은혜요, 성령 충만입니다. 여러분의 어린이 명단 가져오셨으면 그 명단을 외워서 기도합시다.' 라고 말하고 두 시간 공부시간 중에서 한시간을 기도를 시켰다. 이렇게 기도하니까 기도하는 좋은 신자만 교사로 모이게 되었다.

교회학교에 좋은 교사들이 많이 모인다는 소문이 교회에 퍼지고 다른 교회의 많은 부모님들까지 보내고 싶어하게 되었다. 떠나갔던 교사들이 하나 둘씩 써달라고 오기 시작했다. 교사가 바뀌면 교회학교가 바뀐다.

교회가 변화된다. 교회학교의 성장은 교사들의 신앙성장이다.

교사훈련은 기도훈련이다

활활 타는 장작불에서는 젖은 나무, 썩은 나무도 잘 타듯이 은혜가 넘치는 교사가 많은 곳에서는 은혜를 받지 못했던 교사들도 은혜 받고 감당할 수 있는 것이다. 교사훈련은 기도를 살리는 것이다. 뜨거운 기도가 살아야 한다. 진정한 교사훈련은 구약개론, 신약개론, 기독교교육론을 가르치는 것보다 기도를 살려야 된다.

그러나 우리는 조금하다가 안되면 성급하게 포기하고 만다. 이런 기도훈련과 교사훈련은 단시간에 되는 것이 아니다. 교사들에게 기도훈련을 정착시키는 데 일년, 이년을 생각하면 안된다. 최소한 3년 정도가 지나야 바뀔 수 있다.

주일은 새벽부터 저녁까지 온전히 주님께 드리리라는 심정으로 주일날 오후 5시에 교사대학을 강행했다. 잠을 못 자고 피곤하면 성인병, 암병 같은 병들이 찾아올 것 같지만 오히려 더 건강해 지고, 오히려 모든 병이 물러간다.

건강의 비결은 바로 죽도록 충성하고, 복음 전하는 것이다. 성령 충만하면 잠이 문제가 아니다. 세 시간, 네 시간을 자도 거뜬하다. 잠은 많이 못 잘지라도 새벽이면 일어나 새벽기도에 참석해 기도하는 교사가 되

교사가 바뀌면 모든 것이 바뀐다

라. 참 이상한 것은 은혜 받으면 몸이 가벼워진다는 것이다.

교회는 예수를 심어주고 예수를 줄 수 있는 능력 있는 교사를 만드는 교사 훈련장이다. 성도들이 기도하는 성도들로 변하면 그 교회는 부흥하게 되어 있다. 지금은 아무런 현상이 없고 증거가 없지만 분명한 역사가 있다. 작년과 올해가 똑같이 50명이 모인다면 작년에는 기도하지 않는 성도 50명이었지만 올해는 기도하는 성도 50명인 것이다. 너무 숫자에 연연해서 왜 우리 교회는 성장하지 않느냐고 하지 말라. 우리 속에는 생명이 자라고 있다. 무엇인가 줄 수 있는 꿈틀거림이 있는 것이다.

하나님께서는 전지하고 전능하신 분이다. 무엇을 두려워하는가? 예수를 바라보면 모든 것이 해결된다. 교사들은 예수만 바라보는 주바라보기 인생을 살아야 한다. 인생에 도전 받고 예수에 미친 교사로 살아가면 인생이 바뀌게 된다.

우리가 살아가면서 가장 중요한 것은 한번 해보자 하는 마음인 것이다. 무릎꿇어 한번 기도해 보겠노라고 기도하기 시작하면 성령이 역사하신다. 아이들을 가르칠 때 '하나님 여기 모인 이 아이들을 성령 충만하게 변화시켜달라'고 마음을 먹을 때 눈빛이 달라지고 하나님의 역사가 일어나는 것이다.

은혜 받지 못하고 예수의 생명이 없는 교사들이 말씀을 전하면 아이들은 받을 것이 없기 때문에 떠들고 딴 짓을 하게 되는 것이다. 양이 목

자를 아는 것이다. 목자가 은혜가 있는지 없는지 양은 다 알고 있다는 것이다. 그래서 은혜 받은 목사밑에 은혜 받은 성도가 모인다는 것이다.

관점이 바뀐 교사가 아이들을 변화시킨다

교사훈련은 기도이다. 교사가 기도를 하지 않고 성공을 할 수도 있지만 기도하지 않았기 때문에 그 교사는 패망한다. 그러나 기도하는 교사가 실패할지라도 그 실패는 우리의 실패가 아니요, 하나님의 계획안에 있는 것이기 때문에 잘 되어지는 것이다.

우리는 성공하기 위해 기도하는 것이 아니다. 우리가 기도하니까 성공하는 것이다. 또 우리가 잘 살기 위해서 기도하는 것이 아니고, 우리가 기도하니까 하나님의 복을 받아 잘 살게 되는 것이다.

거꾸로 바꿔야 한다. 무엇을 배우려고 방법을 찾지 말라. 은혜만 받으라. 방법론보다는 관점, 우리의 시선을 바꾸는 노력을 해야 한다. 새로운 관점으로 다시 시작해야 한다. 어떻게 하면 아이들을 많이 부흥시키는가에 관한 방법론이 중요한 게 아니고, 어린 심령들의 시야를 바꾸어야 한다.

관점이 바뀐 교사가 어린 심령을 바꿀 수 있는 것이다. '어떻게 해야 아이들이 떠들지 않을까?, 어떻게 아이들이 율동을 열심히 따라할 수 있을까?'와 같은 문제만 가지고 고민하니까 안되어 지는 것이다. 인간이

교사가 바뀌면 모든 것이 바뀐다

가지고있는 근본적인 영적인 것이 바뀌어 지면 정신과 육은 저절로 변화된다.

인간은 영적인 존재이다. 영이 바뀌면 모든 것이 완전히 바뀌는 것이다. 우리 속의 죄가 사라지는 순간부터 우리 육신의 질병은 떠나간다. 병자가 어떻게 고침을 받는가? 그 병자의 심령, 영이 바뀌어야 고침을 받을 수 있는 것이다.

예수님은 육체적인 병을 고치러 이 땅에 오신 것이 아니고 우리의 영적인 질병을 고치러 오신 것이다. 사람들은 병이라는 나타난 현상만을 가지고 약을 먹고 인간적으로 치료하려고 하지만 우리 속에 있는 근본적인 문제 때문인 것이다. 우리 속의 죄 덩어리가 해결되지 않고서는 우리는 진정 하나님의 사람으로 살아 갈 수가 없다.

어떤 교육도 필요 없다. 하나님을 모르고 공부에만 치중하고 몰두하는 사람은 갈수록 육적으로 병든 사람이 된다. 왜 그러는가? 공부를 많이 한 사람은 머리가 발달하고, 이성과 지혜가 발달하기 때문이다. 그러나 무식한 사람일지라도 하나님 안에 있는 사람은 생명이 있고, 능력이 있고, 기쁨이 있고, 자신감이 생기는 것이다. 하나님과의 관계를 바로 가지라 그것은 바로 기도로 이루어진다. 훈련은 다른 것이 없다. 그분이 기도로 우리를 훈련시키실 때 변화되고 역사가 나타난다.

말로 가르치지 말고 말씀으로 가르치라

기도로 작정하라

부목사 시절에 그 교회 담임목사님이 캐나다를 다녀오시게 되었다. 목사님께서 부목사인 나에게 자신이 없는 두 달 동안 교회를 맡아서 잘 해보라고 하시고 떠나셨다. 너무너무 좋은 마음에 열심히 설교 준비를 하고 기도를 하고 단에 서서 열정적으로 말씀을 전했다. 그러자 성도들이 은혜를 받고 안나오던 성도들이 나오기 시작했다.

그때 갑자기 초청 전도주일을 해야겠다는 생각이 들었다. 그래서 목사님이 오시기 20일 전에 현수막을 달고 하려고 하니까 방법을 알 수가 없었다. 그래서 초청 전도에 관한 책을 봐도 그 교회와 현상이 다르고 상황도 달랐다. 아무리 방법론을 가지고 해보려고 해도 되지가 않았다.

그러나 기도하는 중에 하나님께서 기도밖에는 다른 류가 없다는 말씀을 들려주셨다. 그래서 20일 작정 새벽기도를 했다. 장로님들, 권사님들도 모두 나오라고 했지만 나오지 않았다.

그래서 나오시지 않는 장로님들을 강권해서, 통성기도를 시키고, 안수기도를 하고 열정적으로 새벽기도를 인도하니까 전도하지 말라고 해도 전도를 하기 시작하고, 어느새 은혜가 들어가고 능력이 생기니까 달라지기 시작했다. 처음에 기도 안한 다고 망신 주었던 장로님들도 바뀌기 시작했다. 젊은 부목사가 그들을 망신 준 것이 그들을 망하게 하는 것이 아니고 그들을 축복하고, 살리기 위한 것임을 알게 된 것이다.

교사가 바뀌면 모든 것이 바뀐다

이것을 깨닫는 순간부터 교회가 변화되기 시작하더니 20일만에 650명의 새 신자가 나오게 되었다. 방법은 오직 새벽기도를 작정한 것밖에 없었다. 650명중에 한달, 두 달이 지나도 남아있는 성도가 300명이 넘었다. 교회가 갑자기 부흥한 것이다. 기도하니까 달라지고 변화된다는 말이다.

교회성장에, 교사훈련에 방법은 없다. 진정한 방법은 예수를 만나는 것이다. 예수로 변화되면 교회에 역사가 있고 우리들의 인생이 달라진다. 이제 고백하라. 예수 만나리라! 그 예수 나도 만나리라. 예수에 미치리라!

예수를 만나야지 긍정적이 되는 것이지 긍정적 훈련을 받았기 때문에 긍정적이 되는 것이 아니다. 예수 만나야 적극적인 사람이 되는 것이지 적극적인 훈련을 받아서 적극적인 사람이 되는 것이 아니다. 예수 믿고 나면 현상적으로 당연히 나타나는 것이다.

인간관계를 배우는 것도 좋지만 그 훈련은 방법론에 불과하지 진정한 해결책은 아니다. 마음을 바꿔봐야 그 마음은 도로 원위치가 된다. 강대상에서 죄에 대하여 해결함 받았다고 선포되는 그 순간에 모든 질병이 사라지고 모든 문제가 사라진다.

문제를 가진 사람을 상담하려면 몇 일, 몇 달, 몇 년 동안 계속해야 한사람을 변화시킨다. 그러나 강대상에서 '하나님은 당신을 사랑하십니

다.'라고 선포하면 성도들의 눈에서는 눈물이 흐르고 그들의 삶은 변화되는 것이다.

방법론이 아니다. 관점을 변화시키고, 생각을 변화시키는 성령을 받아야 한다는 것이다. 예수로 충만한 교사, 예수의 생명을 줄 수 있는 교사, 이런 교사만이 진정한 하나님의 일꾼이요 사명자이다. 은혜 받고 성령 충만하여 교회와 어린 심령을 변화시키는 선한 목자가 되라.

4

오후 특별활동은 이렇게 하라

조직이 하나의 살아있는 생명체로 존재하기 위해서는 필연적으로 어떤 활동을 요구하기 마련이다. 인간은 누구나 인간다웁기 위해 경주하기를 희망하며 공동체의 일원으로서 살아가기를 원한다. 극한 소외감과 갈등 속에서 기계화, 조직화 자동화의 급변화에 밀려 고독감과 좌절감에 부딪히고 있다.

그러므로 오후 활동은 학생들로 하여금 하나님을 만날 수 있도록 접촉점을 마련해 주는 것이어야 한다. 즉 다양한 체험적인 활동을 통해서 삶의 변화를 촉구해 주며 풍부한 삶의 경험을 제공해 주어야 한다.

자못 우리는 교회학교의 오전예배와 공과공부만이 교회학교의 정규교육이라고 하지만 그러나 공과공부의 연장이 바로 특별활동, 특별 교육활동이라고 할 수 있다.

교회학교의 특별활동은 아이들이 적극적으로 활동에 참여함으로써, 하나님의 말씀에 접근하여 변화된 삶으로의 가능성을 촉구하는 훈련이 되어 왔다. 그래서 오후활동은 아이들의 변화에 목적을 두고 있다. 아이들이 보다 많은 교육적 활동 속에서 하나님을 만나도록 하였으며, 그들 자신의 삶을 깨닫게 해 주었다.

우리가 주일 오전에 하는 공과공부만을 가지고 어린이들로 하여금 하나님을 만나게 한다는 것은 기대할 수 없는 것이다. 성경을 가르친다는 것은 성경적인 지식만을 알게 하는 것이 아니라, 학생들의 삶을 변화시키는 것이므로 우리는 여러 가지 면에서의 도전을 학생들에게 주어야 하기에 오후활동이 요청되고 있다. 따라서, 교회학교의 오후활동은 아이들의 자치, 자율적인 활동에 따르는 경험을 통해서 성경진리를 익히고, 신앙훈련에 이루어지는 장이 되어야 한다.

오늘의 교회학교에서 실시되는 오후활동의 내용을 보면 철저한 생활훈련이다. 즉 주일 오전에는 예배와 성경공부로 신앙훈련이 이루어지고, 오후에는 경험에 기초를 둔 체험적인 활동을 통해 그리스도인의 생활이 훈련되고 있는 것이다. 특별활동은 교육적인 특징이 있다.

학습은 기억이며 반복이다. 이미 배운 내용은 기억되어 있어야만 그것이 재생(feed back)작용을 거쳐서 더 심화된 학습으로 발전할 수 있으며 그것이 곧 성숙을 가져오는 것이다.

말로 가르치지 말고 말씀으로 가르치라

특별활동은 학생들로 하여금 자치활동으로 진행시켜 그들이 직접 참여하는 작업으로 이루어지게 함으로 '행함으로 배우는'(learning by doing) 것이어야 한다. 그러므로 학생들로 하여금 그들의 삶을 비롯한 모든 것에서 하나님을 배울 수 있어야 한다.

학생들이 다양한 과정에 참여함으로서, 삶의 의미를 깨닫고, 그 과정들 속에서 진리를 발견하도록 이끌어 줄 때 하나님을 만날 수 있는 체험을 지니게 된다. 이러한 체험이 바로 '기독교 교육적인' 의미의 경험을 풍부하게 해 주는 것이 된다. 그래서 특별활동은 제2의 '교재'라고 하겠다.

그리고 특별활동은 인간화작업이다. 성경적인 지식만 들어있다고 사람이 되는 것은 아니다. 사람에게는 지·정·의가 있는데 이를 고르게 성장시켜 줄 때 비로소 인격체를 지닌 사람이 될 수 있다. 즉 특별활동을 통해서 학생들이 적극적으로 참여하며 인격적인 성장을 가질 수가 있다.

그러므로 개인이 활동에 중심을 이루지만 활동의 진행은 모두 함께 참여하는데서 비롯되는 까닭에 학생들이 함께 참여하고, 체험을 나눔으로 공동체 의식도 가질 수가 있다.

특별활동은 이렇게 계획하라

오후 활동을 프로그램화하는데 있어서 흔히 다른 교회 교회학교의 교육계획을 참고하거나 어떤 활동을 해 보니까 아이들이나 교사 모두에게 유익했다는 평가로 "올해도 또 하자"는 발상으로 계획하는 예가 많이 있다.

이것은 프로그램 자체로 볼 때는 유익하기도 하겠지만, 교육이라는 차원에서는 극히 위험천만한 작업에 지나지 않는다. 먼저 교육 목적 또는 교육 목표를 생각해야 한다. 교육 목적이나 교육 목표는 1년에 한차례 교육 계획서를 만들기 위해 생각하는 것이 아니라 그것은 1년에 열두 달 교회학교 교육의 실천지침이다.

교회학교의 교육 목적은 그 목적을 이루기 위한 구체적인 실천목표가 제시되어야 하고, 이 목표에 따라 교과과정이 마련되어야 한다. 여기에서 비로소 기도된 교육이 가능한 것이다. 그러므로 교육이란 작업을 인간 행동의 계획적인 변화라는 개념아래 바람직한 그리스도인 상의 구현을 위한 교육목적부터 옳게 제시되어야 하겠다.

특별활동이 교육을 위한 작업이기 위해서는 교육으로서의 조건을 갖추어야 한다. 또한 오후활동이 다만 놀이 또는 행사에 그치지 않는 교육 작업이 되기 위해서는 오후활동 자체에 전제조건을 지니고 있어야 한다. 왜냐하면 아이들이 활동을 하는 근본적인 목적이 '활동으로 말미암아 달성하려고 하는 가치'에 있기 때문이다.

바람직한 오후활동의 전제조건으로 다섯 가지 형태로 나눌 수 있다.

첫째, 적합해야 한다. 활동의 주체, 활동을 통해서 획득되어질 수 있는 목표 프로그램에 참여하는 학생들의 수용능력, 시간, 방법 등이 교육으로서 적합해야 하며 참가하는 대상에게 알맞아야 한다.

둘째, 다양해야 한다. 특별활동의 주제가 어떤 것이든지 그 활동이 진행되는데 있어서는 다양한 방법들이 선택되어야 한다. 즉 단조로운 프로그램은 금지되어야 한다. 호기심이 많은 학생들에게 만족할 만큼의 독특성이 있어야 하고 진행에 있어서도 다양해야 한다.

셋째, 상호관련이 있느냐 하는 상호 관련성이 전제되어야 한다. 특별활동과 그 프로그램에 참여하는 아이들과 관계지어진 것이 되어야 한다. 그리고 프로그램을 통해 참가하는 아이들끼리도 서로 공동체를 지향하는 체험이 있거나 상호만남(encounter)이 있는 학생들끼리의 관련이 있어야 한다.

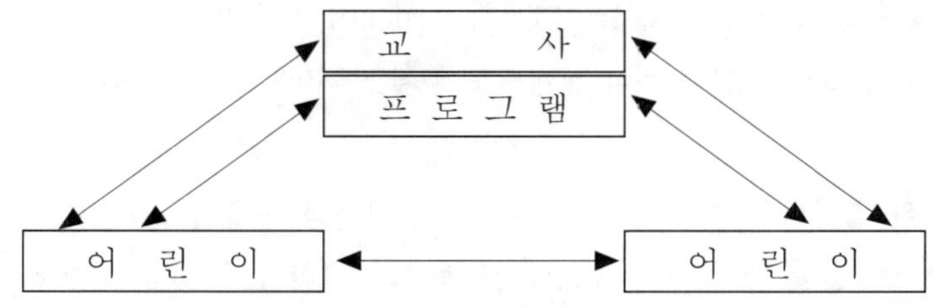

프로그램의 진행에서 유의해야 할 사항

　프로그램의 진행자는 활동이 원활하게 이루어지도록 하는 사람으로 교통정리를 하는 사람과 같다. 그는 활동을 지도한다기보다, 학생들이 적극적으로 참여하고 기쁨을 얻을 수 있도록 도와주는 역할을 해야 하는 것이다. 그럼에도 불구하고 우리는 프로그램의 진행자에게서 이와 반대되는 현상을 자주 본다. 즉 지도자가 프로그램을 주기 위해서 진행자가 필요한 것이다.

　그리고 그가 얼마나 효과적으로 프로그램을 학생들에게 주느냐에 따라 활동이 풍성하게 진행되든가, 그렇지 못하든가 결정된다고 하겠다. 이어서 지도자가 유의해야 할 것은 어떤 작업이든지 그것이 교육적인 가치와 의미를 지닌 활동이 되려면 지도상의 원리가 뒤따라야 한다는 것이다.

　활동은 놀이가 아니다. 또한 여가를 즐기기 위한 그 무엇도 아니다. 그것을 교육행위를 담고있는 매개체(medium)인 것이다. 따라서 무엇보다도 교육성을 띤 활동이 전개되도록 지도원리에 의해서 진행되어야 한다.

　또한 활동이 진행되는 동안 학생들로 하여금 마음껏 창의력(crea-tive)을 발휘할 수 있도록 해야 한다. 활동을 하면서 그 활동 속에 어린 이들이 개인의 마음을 담아야 한다.

그래서 활동이 곧 자기 자신임을 확인시킬 수 있도록 지도해야 한다.

1년 프로그램의 실제

● 1월 프로그램(새롭게 결단하는 달)

　　1월 교육주제 : 새 출발을 위한 격려.

　　1월 교육목표 : 섬김의 참된 신앙인.

　1. 1월 교육준비

　　1) 교안작성 제출

　　2) 교구, 교제정리

　　3) 생활 기록부

　　4) 출석부 정리

　　5) 신입교사를 위한 세미나

　　6) 제반 서류작성

　　7) 교회환경 정리

　　8) 신상 카드 작성

　2. 1월 / 설교 프로그램

월　주　구분	주 일 낮	주 일 저 녁	삼 일 저 녁
1　1 주	새마음 새생활 (엡 4:22-24)	건강과 지혜와 하나님의 은혜. (눅 2:40)	새 결심 (잠 10:17)

●
오후 특별활동은 *이렇게 하라*

월 \ 주 \ 구분	주 일 낮	주 일 저 녁	삼 일 저 녁
1 2 주	푯대를 향하여 (고전 9:26)	하나님이 기뻐 받으시는 예배 (창 4:3-8)	설계도 (엡 5:15-16)
3 주	빛의 자녀답게 (히 11:1-2)	성경으로 바르게 살아요 (딤후 3:14-15)	가장 귀한 삶 (요 15:13)
4 주	성경속에 나오는 아이들처럼 (히 11:1-2)	믿음으로 굳게 지키세요 (히 11:6)	겸손한 바울 (빌 2:3-4)

3. 1월 / 오후 활동 프로그램

월 \ 주 \ 구분	교육프로그램	오후활동프로그램	비 고
1 1 주	신입생환영예배 1학기 교재배부 오리엔테이션 학생신상 기록카드 작성 교사조직, 반편성	선생님 얼굴 그리기 글짓기:나의 마음 우리 선생님 복음 윷놀이 나의 새해 기도문 작성	신년 교사 기도회 교사 명찰 제작 찬양대원 모집
2 주	겨울성경학교 반별잔치 반별 합창대회 성경찾기대회	환경 꾸미기 나의 결심 편지 쓰기 신입생 환영 친목회 전도 카드 만들기	교육시설 교육방안책 교사 헌신예배
3 주	새찬송 배우기 선생님의 동화 학급별 목표 설정	우리교회 만들기 학급별 소개 예수님 형상 제작	어린이 총회 교사 철야기도회 학습도구 완비 임원회

월 \ 주 \ 구분	교육프로그램	오후활동프로그램	비　고
1　4주	환등기 교육 비디오 상영 하나님께 편지쓰기 신입교사 강습회 겨울성경학교 공과지도 요령 연수 성경 암송대회 성경 66권 책명 외우기	재미있는 동화 릴레이 겨울성경학교 발　표　회 성구 오려 붙이기(신문) 게　임　잔　치 방학미담 발표회 사랑방 교실	교사 기도회 교사 월례회

● 2월 / 프로그램(부흥의 달)

2월 교육주제 : 결단과 신학년도 준비

2월 교육목표 : 우리반은 언제나 전도

1.2월 교육 준비

1) 졸업사진

2) 교사와 졸업생 학부형 좌담회

3) 교사 기도회 실시(아침 8시30분)

4) 교사 연수활동

5) 수료와 진급 예배

6) 졸업생 환송회 및 중등부 환송회

오후 특별활동은 이렇게 하라

2. 2월 / 설교 프로그램

월 \ 주 \ 구분		주 일 낮	주 일 저 녁	삼 일 저 녁
2	1 주	네 소원대로 되리라 (마 15:28) 예수님의 외출 (눅 2:52)	예수님이 기다리는 사람 (마 11:28)	아플 때 어떻게 할까요 (약 5:15)
	2 주	더욱 굳세게 (눅 23:5) 열심을 다해서 (요 6:8, 9)	목표를 향해 열심히 (빌 3:13)	잘못했을 때 뉘우치는 용기를 갖자 (시 32:5)
	3 주	적은 믿음 (마 14:22-3) 겸손한 바울 (빌 2:3-4)	진리를 알라 (요 8:32)	유혹을 이겨야 (창 3:1-6)
	4 주	읽는 자, 듣는 자, 지키는 자(계 1:8) 사랑의 힘을 깨달은 시몬(마 26:52)	불행을 성공으로 바꾸자(잠 28:1)	새로운 생명 (요 1:12-13)

3. 2월 / 오후 활동 프로그램

월 \ 주 \ 구분		교육프로그램	오후활동프로그램	비 고
2	1 주	학생헌신예배 어린이 가정방문 성경퀴즈대회 겨울 어린이 성경학교 교육발표회 (작품, 음악, 연극, 교육보고서) 각반 담임 임명 및 구역조직	작은 운동회 선생님께 바라는 것 적기 교실 미화 및 환경구성 우리들의 탕자에게 편지쓰기	교사결단기도회 어린이전도단 조직 전체교사 세미나 사무검열

월 \ 주 \ 구분		교육프로그램	오후활동프로그램	비 고
2	1 주	성경이름 외우기 새로운 찬송 배우기 영아부 지도계획 (1, 2, 3, 4세의 4개 반으로 기독교 교육 및 지도를 통신교육 및 학부형 교육실시 나이로 반편성)	화 극 글짓기(친구) 하늘나라 그리기 우리교회 그리기	교사철야기도회 어린이 자치회구성
	2 주	성경이름 외우기 새로운 찬송 배우기 영아부 지도계획 (1, 2, 3, 4세의 4개 반으로 기독교 교육 및 지도를 통신교육 및 학부형 교육실시 나이로 반편성)	화 극 글짓기(친구) 하늘나라 그리기 우리교회 그리기	교사철야기도회 어린이 자치회구성
	3 주	복음성가 배우기 하나님 말씀 빨리 찾기 대회(초등) 신학년도 교육목표 및 매월 표어 작성 (구체적으로)	반별 공동작품 (뜯어 붙이기)	각 반별 친목회 임 원 회 교사 단합대회
	4 주	성경이야기 대회 교사 연수활동 하나님 말씀 바로 읽기회(유년)	각반 장기자랑 각반 친교의 시간 생일 축하	월 례 회 교사 강습회

● 3월 프로그램(소망의 달)

　3월 교육주제 : 고난과 승리

　3월 교육목표 : 한사람씩 전도하자.

오후 특별활동은 이렇게 하라

1. 3월 교육 준비

  1) 삼일절 기념예배 준비

  2) 신입생 특별지도

   ① 예배, 기도, 찬송 배우기

   ② 교회 생활 배우기

  3) 각종 카아드 구입(환영, 생일, 우승 등)

2. 3월 / 설교 프로그램

월 주 구분	주 일 낮	주 일 저 녁	삼 일 저 녁
1 주	하나님 사랑, 나라 사랑 (시 33:12) 나라를 사랑하세요 (갈 5:1)	모이기에 힘쓰자 (히 10:24-26)	열매없는 나무 (마 6:1)
2 주	새로운 시작 (마 7:24 호 산 나 (마 21:9)	작은 손길 (딤전 4:12)	계속적인 기도 (창 32:22)
3 주	충성스런 예수님 일꾼 (고전 4:2) 겟세마네 동산의 기도 (마 26:44)	올바른 대답 (마 16:15, 16)	부끄러운 교만 (눅 14:11)
4 주	선하신 목자 (요 10:11) 십자가와 두 강도 (눅 22:42-43)	빠지지 않게 (눅 6:39)	작은 일에 충성 (마 25:23)

3. 3월 / 오후 활동 프로그램

월	주	구분	교육프로그램	오후활동프로그램	비 고
3	1 주		신입생 환영회 토론하기, 순교자 찾아보기, 삼일절예배 1차 대심방	스크랩·포스터 제작 새친구 전도하기	진급환영예배 새로운 반구성 교사등반대회 교사 친목회 및
	2 주		담임선생님과의 시간 성구 암송대회 학부형 교양강좌	인형극 편지쓰기 (결석, 아픈친구)	단합대회 교사 신앙강좌
	3 주		연구수업 어린이 헌신예배	야구식성경퀴즈대회 저녁이야기 잔치 부활절축하 발표회준비 (성경암송,	어린이 자치회
	4 주		부활절 찬송 배우기 부활절축하예배 준비 1학기 성경고사	찬양, 성극 등) 리본 만들기 달력 만들기 십자가 만들기 달란트 잔치(천국잔치)	교사 월례회 1학기 시상

● 4월 프로그램(훈련의 달)

　4월 교육주제 : 충실한 성장

　4월 교육목표 : 오후 활동 시간에 적극 참여하자

1. 4월 교육 준비

　1) 교사 자체 강습회

　2) 부활주일 예배 준비

　3) 부활절 행사 준비

오후 특별활동은 이렇게 하라

2. 4월 / 설교 프로그램

월 \ 주 \ 구분		주 일 낮	주 일 저 녁	삼 일 저 녁
4	1 주	예수님은 살아나셨어요 (눅 24:5-6)	다시 사신 예수님 (요 11:35)	거짓을 버린 어린이 (눅 2:52)
	2 주	예수 그리스도의 좋은 군인이 되자 (딤후 2:3-4)	아낌없이 주자 (요 6:11)	기쁘게 내는 돈 (눅 21:4)
	3 주	하나님의 자녀라면 (엡 5:8-9)	깨끗한 사람 (마 5:8)	사울이 바울로 (행 8:4)
	4 주	노래가 있는 집 (눅 15:11-19)	칭찬받는 어린이 (눅 2:52)	먼저 용서하라 (마 18:35)

3. 4월 / 오후 활동 프로그램

월 \ 주 \ 구분		교육프로그램	오후활동프로그램	비 고
4	1 주	부활절 축하예배	공동작품 만들기 (예수님 부활) 계란 나누기(장식) 그림 그리기(부활) 색달걀에 성경구절 적어 전도하기	교사 철야기도회
	2 주	연 구 수 업		교사 자체 강습회
	3 주	어버이, 어린이 주일 준비	그림엽서, 초청장 만들기 면류관 만들기	어린이 자치회 교사결단기도회
	4 주	어린이 신앙체험학교 (고아원, 양로원 방문) 어린이 심방 어린이 신앙강좌	12제자 패션쇼	교사 월례회 교사 위로회

말로 가르치지 말고 말씀으로 가르치라

● 5월 프로그램(가정의 달)

　5월 교육주제 : 부모님께 효도하자

　5월 교육목표 : 예배시간 지키기

1. 5월 교육 준비

　1) 어린이, 어버이 주일 준비

　2) 중간 교육 평가

　3) 결석생 심방 및 관리

2. 5월 / 설교 프로그램

월 \ 주 \ 구분		주 일 낮	주 일 저 녁	삼 일 저 녁
5	1 주	아름다운 어린이 (마 18:3)	어린아이의 천국 (마 18:1-6)	하나님의 사랑 (요 5:6)
	2 주	어버이의 은혜 (엡 6:2)	아버지께 순종 (잠언 4:1)	아름다운 세상 (창 1:1-25)
	3 주	하나님의 가정 (수 24:15)	하나님의 좋은 선물 (엡 4:7-12)	정직하세요 (행 5:1-11)
	4 주	하나님의 식구들 (마 12:50)	하나님의 품 (시 27:10-13)	순종의 진리 (마 2:12)

3. 5월 / 오후 활동 프로그램

월 \ 주 \ 구분		교육프로그램	오후활동프로그램	비　　고
5	1 주	어린이주일(연합예배) 야외 교육활동 어린이예능대회 실시 어린이주일 기념 글집 제작	야 외 활 동 노래 경연대회	

오후 특별활동은 이렇게 하라

월	주	구분 교육프로그램	오후활동프로그램	비 고
5	2 주	어버이주일 학부형 꽃달아 드리기 나의 재능 보여드리기 함께 드리는 예배	부모님께 편지쓰기 감사카드 만들기 감사의 밤	학부모 세미나
	3 주	어린이 성경퀴즈 대회 어린이 도서실 운영	우리선생님 그리기 선생님과 함께 그림성경 만들기 교사 동화대회	어린이 자치회 교사 세미나
	4 주	어린이 새벽기도회 여름성경학교 준비	창작 인형극	여름성경학교교사 모집 교사 월례회

● 6월 프로그램(애국의 달)

6월은 애국의 달로서 계획 중에 자체 행정점검이 되어져야 하며 보다 더 계획적이고 실천적이어야 한다.

6월 교육주제 : 신앙을 생활화 하자.

6월 교육목표 : 성경과 찬송 필기구를 꼭 가지고 다니자.

1. 6월 교육 준비

1) 여름 수련회, 성경학교준비(장소선정, 예산편성)

2) 교육 중간평가 실시

3) 교육행정 문서준비

4) 교사 강습회 운영

2. 6월 / 설교 프로그램

월 / 주 / 구분	주 일 낮	주 일 저 녁	삼 일 저 녁
	1 주	백성을 건진 에스더 (에 2:1-5)	나를 부르셨어요 (마 4:18-22)	믿음을 지킨 다니엘 (단 6:26-28)
6	2 주	나라를 지키는 어린이 (시 127:1)	행복한 왕국 (왕상 4:29-34)	하나님의 능력으로 (수 4:1-14)
	3 주	사랑을 실천하자 (요 13:34)	죽으면 죽으리라 (에 4:15-17)	약함 속에 강함 (빌 2:5-11)
	4 주	행하는 교회 (마 7:21)	주님이 아는 어린이 (마 10:32-33)	하나님의 성전 (고전 3:16-17)

3. 6월 / 오후 활동 프로그램

월 / 주 / 구분	교육프로그램	오후활동프로그램	비 고
	1 주	여름성경학교 개교준비	새찬송 배우기	여름성경학교 준비 위원회 구성/ 여름성경학교교사 구성
6	2 주	학부모 초청 세미나	작년여름행사 사진 전시회 각반별 벽신문 제작 여름성경학교 포스터 제작	여름성경학교 강습회
	3 주	여름성경학교 자체 강습회 성경동화대회	여름성경학교 전도카드 만들기 새로운 찬송 만들기 반별 환경정리	여름성경학교 운영회 결정 여름성경학교 분담 연구 발표
	4 주	교사 특기 발표 여름성경학교 분담 연구 발표	여름성경학교 안내서 발송 어린이 특별기도회 (성경학교달란트잔치) 새친구 초청잔치	교사월례회 및 평가회 교육 중간평가

오후 특별활동은 이렇게 하라

● 7월 프로그램(배우며 참여하는 달)

　7월 교육주제 : 주님 안에서 하나된 몸.

　7월 교육목표 : 참여로 영적 봉사, 구원.

1. 7월 교육 준비

　1) 가정 서신 발송

　2) 캠프일지 교육 계획표

　3) 신앙공동체 훈련 하기수련회

　4) 수련회 편성표

　5) 캠프, 수련회 지도자 연수회

　6) 가이드 북 제작, 교육안 작성

2. 7월 / 설교 프로그램

월	주	구분	주 일 낮	주 일 저 녁	삼 일 저 녁
7	1 주		목마르지 않는 사람 (요 7:37-38)	하나님의 선하심 (마 19:27-20:16)	생명물과 죽음의 물 (시 65:9)
	2 주		자기 뜻을 버리는 사랑 (눅 22:43)	으뜸이 되려면 (마 20:20-29)	하나님이 도와주시는 나라　(출 13:21)
	3 주		실제로 행하는 사람 (요일 3:18)	사랑의 중요성 (요일 4:7-11)	악은 모든 모양이라도 (살전 5:22)
	4 주		항상 힘쓰는 사랑 (딤후 4:2)	전도자가 된 사울 (행 9:22)	배우고 확실한 일에 거하라 (딤후 3:14)

말로 가르치지 말고 말씀으로 가르치라

3. 7월 / 오후 활동 프로그램

월 \ 주 \ 구분		교육프로그램	오후활동프로그램	비 고
7	1 주	여름성경학교 자체 연수회 (교안작성 및 시청각 제작)	포스터 그리기 새찬송 배우기 회지 발간 초청장 만들기 전도대상 카드 작성	여름성경학교 준비 기도회
	2 주	여름성경학교 프로그램 작성·출석률 평가	기 도 회 공동작품 만들기 자기 친구에게 교회 소개	가정통신문 발송
	3 주	여름성경학교 준비 기도회	성경학교 전야제 각반별 단합대회 부모님 그리기 (봉투에 넣어 우송) 총동원 전도주일	교사 친목회
	4 주	여름성경학교 교사 설교대회	새벽 기도회 어린이 신문(특집) 어머니께 드리는 편지	교사 월례회 교사 위로회

● 8월 프로그램(교제의 달)

8월 교제의 달은 여름성경학교, 수련회 기간동안 새롭게 전도된 어린이들과 새롭게 교제하면서 방학동안에 있었던 재미있었던 일들을 회고하여 발표하면 좋다.

8월 교육주제 : 열심히 신앙생활하자

8월 교육목표 : 먼저 인사하자

오후 특별활동은 이렇게 하라

1. 8월 교육 준비

  1) 여름성경학교 평가

  2) 2학기 교육자료 준비

  3) 출석부 및 행정서류 정리

2. 8월 / 설교 프로그램

월 \ 주 \ 구분		주 일 낮	주 일 저 녁	삼 일 저 녁
8	1 주	목마르지 않는 사람 (요 7:17-38)	일어나 걸으라 (행 3:1-10)	값진 동전 두 개 (눅 21:4)
	2 주	자기 뜻을 버리자 (눅 22:43)	착한 행실 (마 5:16-17)	함께 가자 (행 1:8)
	3 주	실제로 행하자 (요일 3:18)	돌보시는 하나님 (시 23:1)	먼저 구할 것은 (마 6:33)
	4 주	항상 힘쓰는 자 (딤후 4:2)	순종하는 노아 (창 6:8-9)	모든 일에 이기는 자 (롬 8:37)

3. 8월 / 오후 활동 프로그램

월 \ 주 \ 구분		교육프로그램	오후활동프로그램	비 고
8	1 주	교사 헌신예배 여름성경학교 발표회 (노래, 무용, 동화 성경암송, 대화극)	게임잔치 인 형 극	여름성경학교 보고서 작성 시청각 교육기 도입
	2 주	어린이 헌신예배	성경 야구대회 영화 상영	교사 철야기도회 2학기 교육자료 제작

말로 가르치지 말고 말씀으로 가르치라

월\주\구분		교육프로그램	오후활동프로그램	비　고
8	3 주	각 학년별 모임 성경 빨리 찾기	광복절 글짓기 나라를 위한 기도문 작성하기 촌극 대회	어린이 자치회 각 교사 분담 연구 신입생지도 성가대운영 생일축하 복장지도 성경찬송지참 문제아지도
	4 주	공과지도 실기대회 연 구 수 업	신앙간증 및 기도회	교사 월례회 에덴동산꾸미기 만들기

● 9월 프로그램(경건의 달)

9월 경건의 달은 학생들이 나태하기 쉬운 달이다. 할 수만 있다면 프로그램을 다양화시키든지 아니면 연중 큰 행사를 계획함이 좋겠다. 결실의 계절로 교육효과 극대화를 위한 전력을 수립해야 한다.

9월 교육주제 : 열매 맺는 생활

9월 교육목표 : 친구 찾아가기

1. 9월 교육 준비

1) 교육자료 제작 및 수립

2) 가을 야외예배 준비

3) 출석 빈도조사 및 분석 대책 수립

오후 특별활동은 *이렇게 하라*

2. 9월 / 설교 프로그램

월 \ 주 \ 구분	주 일 낮	주 일 저 녁	삼 일 저 녁
9 / 1 주	이웃을 내 몸 같이 (눅 10:27)	하나님의 아들 (마 16:16)	아버지의 마음 (눅 15:10)
2 주	책임있는 약속 (겔 18:30)	심판하지 마라 (마 7:1-5)	받으라, 가라 (행 1:8)
3 주	진정한 구제 (마 10:42)	물 마실 때도 (요 4:14)	참된 생활 (갈 5:26)
4 주	사랑의 실천 (요 15:12)	하나님을 향한 마음 (행 16:25)	남을 대접하라 (눅 6:3)

3. 9월 / 오후 활동 프로그램

월 \ 주 \ 구분	교육프로그램	오후활동프로그램	비 고
9 / 1 주	가을철 심방 전도 주일 연구수업 발표	글짓기(이웃사랑) 가을풍경 실기대회 (자연을 통하여 하나님을 깨닫게 함) 친구 찾아가기	
2 주	성경 빨리찾기 대회 가을 야외예배 비디오 상영 성경퀴즈 야구	독창·중창대회 친구에게 편지쓰기	교사 신앙강좌 교사 철야기도회
3 주	특별교육활동 전개 (인형극, 영화, 슬라이드, 또는 어린이 하늘나라 잔치)	새찬송 배우기 어린이 체육대회 (터치볼, 발야구, 줄다리기, 축구 등)	어린이 자치회

말로 가르치지 말고 말씀으로 가르치라

월 / 주 / 구분	교육프로그램	오후활동프로그램	비 고
9 / 4 주	출석빈도조사 및 분석 3학기 성경고사 3학기 시상	인형극 우리반 같이 모여 즐겁게 사귐의 시간 내친구의 장점 찾아서 쓰기 달란트 잔치	교사 월례회 등반자 환영회

● 10월 프로그램(전도의 달)

10월은 전도의 달로 총동원 주일은 어린이들에게 전도의 자신감
을 심어주기 위해, 교회학교의 활성화를 위해서 꼭 필요하다.

10월 교육주제 : 전도를 생활화하자.

10월 교육목표 : 한사람씩 전도하기.

1. 10월 교육 준비

1) 어린이 글집 발간(1년 동안의 행사종합)

2) 교육자료 수집

3) 어린이 문학의 밤 준비

2. 10월 / 설교 프로그램

월 / 주 / 구분	주 일 낮	주 일 저 녁	삼 일 저 녁
10 / 1 주	땅끝까지 전도해요 (막 16:14-18)	마음을 강하게 (수 1:6)	구하는 대로 (마 7:8)
10 / 2 주	내 집을 채우라 (눅 14:23)	아름다운 열매 (마 7:19-20)	바울의 자랑 (갈 6:14)

●
오후 특별활동은 이렇게 하라

월 \ 주 \ 구분		주 일 낮	주 일 저 녁	삼 일 저 녁
10	3 주	복음을 전하라 (시 67:2)	변치 않는 마음 (삼상 12:13)	기르시는 분 (고전 3:6-7)
	4 주	전도 대장 (딤후 4:2)	상받을 수 있는 어린이 (고전 3:14)	성령의 열매 (갈 5:22)

3. 10월 / 오후 활동 프로그램

월 \ 주 \ 구분		교육프로그램	오후활동프로그램	비 고
10	1 주	결석자 심방	전도지 만들기 총동원 주일 준비	
	2 주	어린이 글집 발간 야외예배 실시	추계 마당 운동회 게임 잔치 노방전도(기차전도, 가변전도, 인형전도) 전도위한 기도회	2교사 기도회 학년 모임
	3 주	어린이 연합예배	성가대 발표회 생일 축하회	3교 육 연 구 ① 어린이 설교 ② 헌금 지도 ③ 분반공부 연구 ④ 교육 환경
	4 주	모범학부모 표창 총동원 주일	새친구 환영회	4교사 월례회 추수감사절 준비

● 11월 프로그램(감사의 달)

11월은 감사의 달로 추수감사절을 중심으로 감사 생활을 위한 교육적 목회 프로그램이어야 한다.

11월 교육주제 : 하나님께 감사하자.

말로 가르치지 말고 말씀으로 가르치라

11월 교육목표 : 열매맺어 하나님께.

1. 11월 교육 준비

  1) 추수감사절 행사계획

  2) 성탄절 준비

  3) 다음해 교육 프로그램 준비

2. 11월 / 설교 프로그램

월 / 주 / 구분		주 일 낮	주 일 저 녁	삼 일 저 녁
11	1 주	감사하는 심방 (고후 2:14)	한나의 감사 (삼상 1:19-28)	하나님이 하시는 일 (창 1:21)
	2 주	하나님 감사합니다 (창 9:3)	정성껏 드리자 (롬 12:1)	감추인 보물 (마 13:44-46)
	3 주	다함께 감사드려요 (시 107:1)	아름다운 열매를 맺자 (마 7:16-19/갈 5:22)	열매를 맺는 마음 (마 13:3-8)
	4 주	하나님이 준비하시리라 (창 22:1-14)	하나님을 기쁘시게 (출 20:1-7)	열매와 잎사귀 (마 3:10)

3. 11월 / 오후 활동 프로그램

월 / 주 / 구분		교육프로그램	오후활동프로그램	비 고
11	1 주	추수감사절 행사 ① 예배 ② 선물 ③ 떡잔치 ④ 축하잔치 ⑤ 찬송	반별 합창대회 아름다운 교회 만들기 고아원 방문 추수감사절 연극준비	

오후 특별활동은 이렇게 하라

월 \ 주 \ 구분		교육프로그램	오후활동프로그램	비 고
11	2 주	추수감사절 유래 교육 ① 유래 공부 ② 다른나라의 　　추수감사절 ③ 감사절 의의	감사카드 만들기 공동작품(감사절) 감사문 보내기 글 짓 기 나의 기도문(감사절)	성가대 모집
	3 주	추수감사예배 총동원 주일 분반활동의 효율성 연구	게임 잔치 추수감사절 잔치 (발표회)	어린이 자치회 교사 철야기도회
	4 주	크리스마스 축하 준비 ① 축하 순서 ② 이웃 봉사 ③ 선물 주기 ④ 선교 활동	성경 퀴즈 대회 성탄절을 앞두고 우리의 계획은?	교사 월례회 사무 검열

● 12월 프로그램(결산의 달)

결산의 달 12월은 마지막 1년을 결산하는 달이다. 특별히 한해를 보내면서 1년 동안의 프로그램을 한 번 반성과 함께 평가해야 한다.

12월 교육주제 : 평가와 내일.

12월 교육목표 : 한해를 반성하자.

1. 12월 교육 준비

1) 성탄절 행사준비

2) 졸업준비

말로 가르치지 말고 말씀으로 가르치라

3) 연간 사업계획수립

2. 12월 / 설교 프로그램

월	주	구분	주 일 낮	주 일 저 녁	삼 일 저 녁
12	1 주		기 다 림 (마 5:2)	우리를 구하려고 오셨어요(마 1:21)	예수님을 기다리세요 (눅 2:28)
	2 주		예수님을 맞이해요 그리고 전해 주세요 (눅 2:33-38)	예수님을 내 방으로 모셔요 (눅 2:7)	마음에 구유를 준비하자(눅 2:1-7)
	3 주		목자들의 성탄절 (눅 2:1-14)	낮아지신 예수님 (마 1:18-25)	기쁜 소식 (눅 2:10)
	4 주		얼마를 남겼는가? (마 25:14-30)	끝까지 충성하라 (마 25:21)	마지막 날 (빌 2:1-5)

3. 12월 / 오후 활동 프로그램

월	주	구분	교육프로그램	오후활동프로그램	비 고
12	1 주		교사 양성계획 수립 어린이 헌신예배	성탄절 축하프로그램 준비 ① 노래 공부 ② 연극 연습 ③ 행사 준비(전반) 성탄카드 만들기	성탄절 행사 점검 준비위 구성
	2 주		신학년도 교육계획 수립	성탄장식 만들기 성탄찬송 배우기	예산편성/교사임명 교사양성 교육목표 설정
	3 주			성탄절 각반 장기자랑	성탄절 행사 최종점검 교사 기도회
	4 주		졸 업 식 사정회/평가회	성탄축하 음악예배 성 탄 잔 치 4차 공과시험 종 합 시 상	교사 월례회 연말 보고서 교사 연말 총회

오후 특별활동은 이렇게 하라

5
교사는 상담자 이어야 한다

언젠가 길을 가다가 국민학교 동창생을 만났다. 그런데 이름을 기억할 수가 없어서 당황을 했는데, 다행히도 이름을 몰랐지만 흔히 불렀던 별명이 생각났다. 지난날을 돌이키면서 나의 주변에 만났던 많은 사람들을 생각할 때면 왠지 얼굴 모습은 생각이 잘 안나고 상대의 인격적인 모습만이 생각난다.

이것은 대인관계에 있어서 가장 중요한 것이 인격적인 관계라는 것을 입증하고 있다. 대부분의 사람들은 '상담'하면 상담자가 말을 잘해야 한다고들 생각한다. 그러나 진정한 상담자는 똑똑하고 말 잘하는 사람보다는 잘 들어주는 사람이라야 한다. 쉽게 말해서 우리 신체의 귀는 두 개이고 입은 하나이듯이 두 번 듣고 한 번 말하는 식의 듣는 자로서의 상담이 필요하다.

그러므로 상담이란 많은 지식을 주는 것이 아니라 진실한 인격을 보여주는 것이다. 인간의 참다움을 주어야 한다. 자신의 존재를 발견할 수 있도록 도와주는 작업이 바로 상담이다.

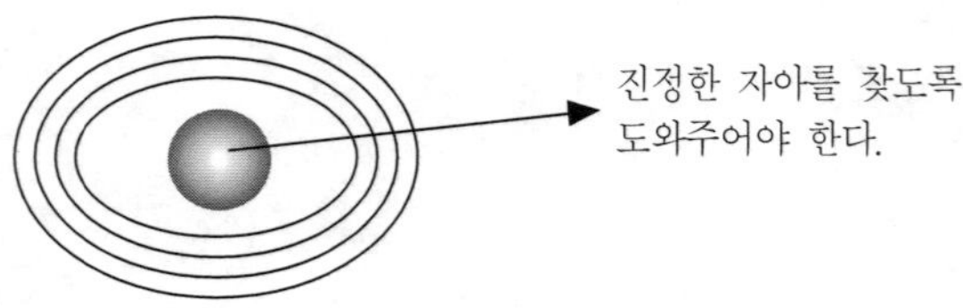

융은 진정한 자아를 "개성화(indivation)"라 하면서 사람은 참자기를 발견할 때 자신의 능력을 발휘할 수 있다고 본다.

진정한 자아는 영적인 자아를 말한다

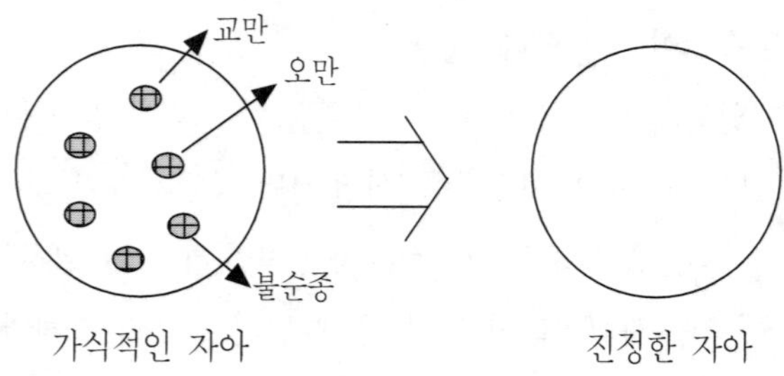

가식적인 자신을 진실된 자신을 볼 수 있게 만들어야 한다고 본다. 그

말로 가르치지 말고 말씀으로 가르치라

래서 상담은 진실된 자신을 찾도록 도와주어야 한다.

교사들이여! 함께 공감해 주어라

화장실에 가서 일을 보고 있는데 눈앞에 펼쳐진 장구한 낙서를 보았다. 입에 담지도 못할 말과 여자의 육체를 구체적으로 그렸고 이루 말로 표현 못할 낙서가 가득 메워진 것을 보고서 낙서를 통해서 자아를 실현해 보려는 불쌍한 사람들, 즉 상담이 필요한 건강치 못한 사람이 우리 주위에 많이 있는 것을 발견할 수 있었다. 교회학교 교사를 맡고 있는 교사들이여! 상담자로서 어린이 앞에 서야 한다.

어린이들 앞에 진실하라. 지식을 주려고 하지 말고 인격을 주어라. 나의 부족한 인격이 아니라 예수의 인격을 심어 주어라. 상담은 입의 상담이 아닌 눈과 몸과 얼굴 즉 'Body language'적 상담이어야 한다. 기쁠 때 함께 기뻐해 주고 슬플 때 함께 슬퍼해 주는 공감대가 있어야 한다.

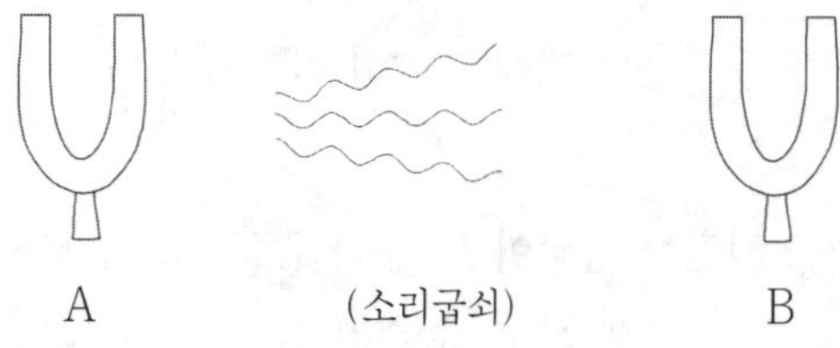

소리굽쇠 A쪽에 있는 것을 울리고 B의 소리굽쇠의 주파수를 맞추면 함께 울리는 것과 같은 몸의 언어를 통한 진실한 상담자로서 교사가 필요하다. 예배시간 중에 어린이가 잘못하면 무릎을 꿇게 하고서는 떠들거야 안떠들거야 라는 식의 상담이 아니라 무엇을 잘못했는지를 알게 하는 인격적인 상담이 되어야 한다.

부정적인 상담은 배제하라

우리는 전통적으로 체면이나 권위주의에 익숙해 있다. 떠들면 벌주고, 말 안 들으면 때리고, 이것은 하고 저것은 하지 마라 등의 명령, 금지와 같은 부정적인 상담에만 익숙해 있다. 그때 그 상황만 면하면 된다는 식의 상담은 받는 자가 점점 더 나빠질 뿐이고 더 나아가서는 인격의 상실을 가져올 수 있다.

장난치는 어린이를 다른 많은 어린이들 앞에 세워 손을 들게 한다든지 아니면 오른손을 들고 선서나 약속한다고 해서 근본적인 해결이 되지 않는 것임에도 우리는 이것에 익숙해 있기에 무비판적으로 사용하고 있다.

충고나 설득도 건전한 상담이 될 수가 없고, 암시, 제시도 건강한 상담이라 할 수 없다. 상담은 어느 한 순간을 모면하기 위해 슬슬 넘기는 것이 아니다.

건전한 상담은 창조적 상담이다

건전한 상담은 창조적인 상담으로서 인간의 성장과 건강적응을 향한 내재력을 중시하고 그것을 활용하는 상담이라고 할 수 있겠다. 즉, 인간에게는 성장하고 싶고 건강하고 싶은 잠재력이 있는데 그 가능성을 도와주는 것이다. 돕는다는 것은 그 성장을 방해하는 요인이 무엇인가를 보는 것을 말하고 스스로 할 수 있도록 도와주는 것을 말한다.

예를 들어 청소를 하려고 하는 어린이에게 청소 좀 하라고 시키면 잡았던 청소도구를 놓아버린다. 스스로 하려는 것을 도와주어야 한다는 것이다. 떠드는 아이들에게 '떠들지 마라'라는 부정적 상담보다는 '참 조용하네'한다면 떠들던 아이들도 조용하게 되며 이런 상담이 건전한 상담이라 할 수 있겠다.

다시 말해서 긍정적으로 상대를 칭찬해주는 말을 통해서 하지 않고 있는 부분을 할 수 있도록 도와주는 역할을 해야 한다. 그리고 어떤 문제를 보는데 있어서 지적인 면보다 감정적인 면을 더 중요시 여기는데 그 이유는 이상한 행동을 하는 학생에게는 지식부족이 아닌 감정과 정서가 부족하기 때문이다. 어떤 소년이 물건을 훔치는 버릇이 있다면 그 소년은 물건 훔치는 것이 나쁘다는 것을 몰라서 그러는 것이 아닌 정서가 부족하기 때문이다.

또한 상담은 과거보다는 오늘이라는 현재의 중점을 두 상담이 건전한

교사는 상담자 이어야 한다

상담이다. 과거를 자꾸만 상기시키면서 '과거에도 장난치더니 아직도 장난을 친다'라는 식의 상담은 건전한 상담이라 할 수 없다.

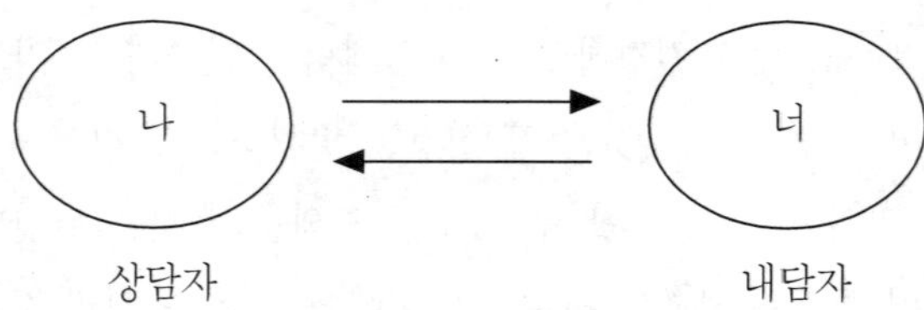

상담을 한다고 할 때는 내담자의 자아실현과 생의 방향결단을 중요시한다. 내담자의 통찰력은 개발하고 확대시켜 주면서 자신과 주위 환경과의 관계를 개선하고 이해할 수 있도록 돕는 것이다.

즉 문제를 갖게 되면 통찰력이 부족해지고 둔화되어 지기 때문에 내담자에게 도움을 주어야 한다. 그러므로 건전한 상담이란 상담자가 내담자를 도와만 주는 것이 아닌 상담자는 내담자를 돕고 내담자는 상담자에게 도움을 주는 것이다. 더 나아가서 상담은 문제가 일어나 때만이 아닌 문제가 일어나기 전에 예방할 수 있는 예방 상담도 중요하다고 볼 수 있다.

말로 가르치지 말고 말씀으로 가르치라

상담은 어떤 기능을 하는가?

상담은 여러 가지 기능을 하지만 그 중에서도 치유(Healing), 지탱(Sustaining), 인도(Guiding), 화해(Reconciling)의 기능을 한다.

예수님의 수가성 여인과의 상담에서 예수님은 수가성 여인보다 먼저 우물가에 와 계셨으며 가까운 소재를 통해서 물을 달라 하시고, 그는 여인의 불만을 모두 들어주는 상담을 하였다.

즉 여인으로 하여금 모든 것을 말할 수 있는 기회를 부여했으며 결국에는 자기 자신을 발견하고 기쁨으로 돌아가는 단계까지 상담을 하셨다. 그러므로 상담은 상처를 입은 자를 치유하는 기능을 가지며, 상처입은 사람을 도와서 현재의 상황을 참고 극복할 수 있도록 도와주는 현재의 지탱으로서 지원상담과 위기상담을 해 주어야 한다. 그리고 혼란과 어려움에 빠진 사람으로 하여금 확신있는 선택을 하도록 교육상담을 해야 한다.

본래 인간의 기본욕구에는 진실한 사랑을 경험하고 싶어한다. 진실한 인간의 만남속에서 희열을 갖는 것이 인간이다. 진실한 만남이 되지 못할 때 마음이 병들게되고 병든 마음은 인간의 병을 만든다. 사람은 남녀노소를 막론하고 자신의 가치를 인식하기를 원하며 남을 존중해주고 존중받고 싶은 욕망을 가진다. 이러한 삶을 통해 책임적인 삶과, 인생의 참된 의미를 느끼고 싶어하기 때문에 상담자로서 이를 도와야 한다.

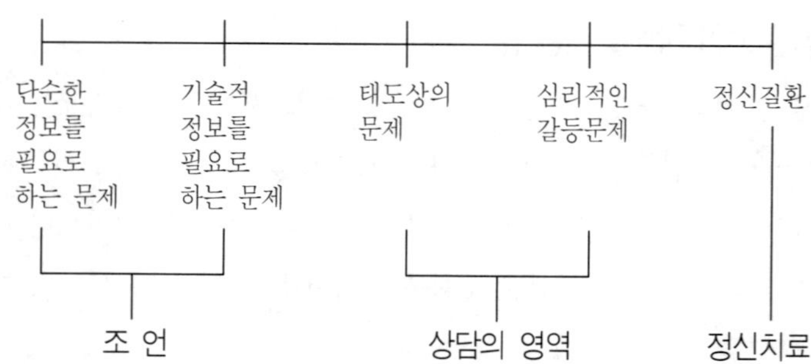

위 도표와 같이 상담의 영역을 태도상의 문제, 심리적인 갈등문제로서 상담자는 상담과정에서 내담자 자신의 정서가 치료와의 안전한 관계에서 편안해지고 전에는 부정적이었던 경험이 새롭게 인식이 되어지면서 자아의 통찰이 이루어지는 것이다.

여러 개로 흩어졌던 자아가 하나로 통합됨이다. 즉 상담이란 배우고 가르치는 과정이며 자아인식의 과정을 도와주는 일이다. 나는 누구이며, 무엇 때문에 여기에 있는가를 깨닫도록 도와주는 작업으로서 예수를 만나게 하며 그 분을 통한 의미 있는 삶으로서의 전환이 있다면 더욱 바람직하며 이를 위해 상담자의 기도와 성령의 도우심이 있어야 한다.

근본적으로 결과론적인 문제에 초점을 맞추기보다는 잠재되어지고 응어리진 것에 해결점을 찾아 도와주는 것이라야 하겠다.

말로 가르치지 말고 말씀으로 가르치라

6

교사들의 건전한 정신 위생을 위한 제언

사람은 누구나 가면을 쓰고 산다. 그래서 사람은 두 가지 면을 가지고 사는데 첫째는 있는 그대로의 나와 두 번째, 가식 속에 감추어진 나를 가지고 살아가고 있다. 대부분의 많은 사람들은 건강 때문에 많은 고민을 하면서 신체적인 건강만을 추구하면서 살지만 신체만 건강한 것이 아니라 정신적인 건강이 더 중요하다고 볼 수 있다. 즉, 신체적 건강과 정신적 건강은 분리가 아닌 육체가 약해지면 정신도 약해지고 정신이 병들면 육체도 병이 들게 되어 있다. 통계에 의하면 환자 100명중 85%가 정신적인 문제로 병이 든다고 말한다.

정신적 건강의 척도

정신적인 건강을 누릴 수 있는 사람은 "내가 누구인가"를 정확히 아

는 사람이다. 즉, "있는 그대로의 나"를 보여주어야 함에도 대부분의 많은 사람들은 '남에게 보여주기 위해서 꾸며진 나'를 보여주려고 한다. 정신적인 건강을 위해서 우리는 배고프면 울고 배부르면 웃는 단순한 그 어린이들의 심정이 진정 자기를 건강하게 만든다.

사람들은 대부분 칭찬을 받고 싶다는 욕망 때문에 자기의 욕구를 버림으로 인해서 수많은 스트레스를 받고 산다. 예를 들자면 얌전해서 얌전하게 구는 것이 아니라 얌전하다는 칭찬을 받고 싶어서 하고 싶은 행동이나 말을 못하기 때문에 정신적인 건강을 유지하지 못한다는 것이다. 그러므로 억압은 결과적으로 병이 된다. 보여주기 위한 자신이 되다 보니까 정신적으로 약해지고 있다는 것이다.

즉, 다른 사람에게 칭찬만 들으려는 삶을 추구하기 때문에 비생산적인 삶이 되고 만다. 생산적으로 살려면 자기 아는 그대로 이야기하면 된다. 우리가 남 앞에 서서 이야기를 하려고 할 때 떨리는 것은 남에게 잘 보이려고 하는 가식 때문이다. 다른 사람의 눈치를 보면서 살다 보니까 자기의 약점만 지키려는 어리석음 때문에 창조적인 생각을 가질 수 없다는 것이다.

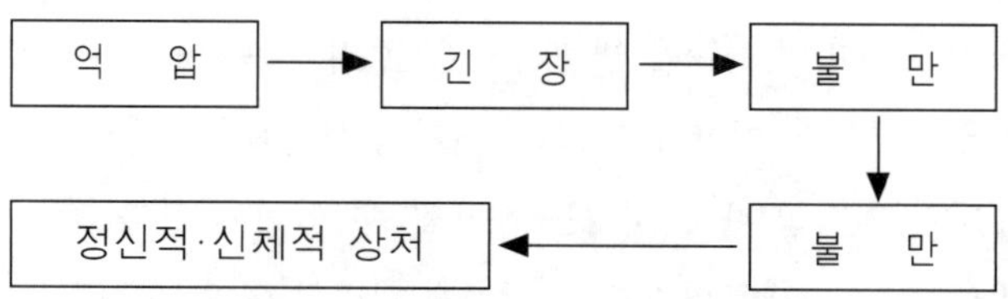

이런 삶이 바로 노예의 삶이다. 나를 내가 조정하지 못하고 남에 의해 좌우되는 삶을 살기에 신체적인 노예가 아니면서도 노예처럼 살고 있다는 것이다.

자기를 성장시킬 수 있는 길

첫 번째, 자기 자신을 있는 그대로 현실적으로 정확하게 이해하라. 자기 행동의 태도는 자기 개념에 의해서 나타난다. 개념에 의해 소극적인 행동, 적극적인 행동이 나타난다는 것이다. 그러므로 못한다 안되겠다 하면 정말 못하고 안될 수밖에 없다. 우리는 지금 나의 행동이 나의 의지에 의한 것인가 남에게 보여주기 위한 것인가 자신에 대한 정확한 이해가 있어야 하겠다.

두 번째, 있는 그대로의 자기를 용납하고 수용하여야 한다. 사람들은 자기 장점에 대해서 잘 알지 못하고 있는 그대로 자신들을 수용하지 못할 때가 많이 있다. 인간들의 능력을 잠재울 때가 많다.

교사들의 건전한 정신 위생을 위한 제언

죄란 것은 우리의 능력을 발휘하지 않고 잠재우는 것이며 성경은 달란트 비유를 통해서 이야기한다. 즉, 자기의 신체적 조건을 이해하고 인정하며 자기 자신의 행동 사고도 수용할 수 있어야 한다.

세 번째, 있는 그대로의 자기를 남에게 개방할 수 있는 능력을 터득해야 한다. 자기를 있는 그대로 보여주는 것이다. 자기를 이해하고 수용하고 신뢰할 수 있을 때 타인도 이해할 수 있는 것이다.

바람직한 인간관계

바람직한 인간관계는 상대를 있는 그대로 보고 존중해 주는 것이다.

정신건강의 6가지

첫 번째(자아확장) : 자신의 신체나 물질적 소유물 이외의 것으로 폭넓은 관심을 가질 수 있는 능력을 의미한다.

두 번째(자기 객관화) : 자신을 알고 이해하며 자기의 현재 행동과 반응이 과거에 있었던 사실에 의해서 어떤 영향을 받고 있으며 과거와 현재와의 사이에 어떤 관련이 있는가를 깨달을 수 있는 능력을 말한다. 즉, 자기자신을 객관적으로 볼 수 있는 능력을 이야기하고 자신의 약점을 웃어 넘길 수 있는 능력과 여유를 설명한다.

세 번째(통일된 생활철학) : 전체적으로 조화를 이루는 통일된 자기

활동에 알맞는 의미와 생활 철학의 기준을 의미한다.

　네 번째 : 따뜻하고 깊게 다른 사람과 자기를 관계지을 수 있는 능력이 있어야 한다.

　다섯 번째 : 생의 실제적인 문제들에 대처할 수 있는 현실적 기술과 능력이 있어야 한다.

　여섯 번째 : 생명체에 대한 온정을 가져야 한다.

　결론적으로 건전한 정신이란 자기의 기본 욕구를 사회적으로 용납되는 행동 방식으로 충족시키며 자신의 성격이 자신에게 문제가 되지 않는 성격을 말한다. 그리고 자기 자신이 어느 정도 확신을 가지며 사회적으로 바람직한 인간관계를 가지며 자기의 힘과 사고를 바칠 수 있는 성격을 말한다. 참 인격적으로 건전한 정신위생을 위한 대화의 Level을 설명해 보면 다음과 같다.

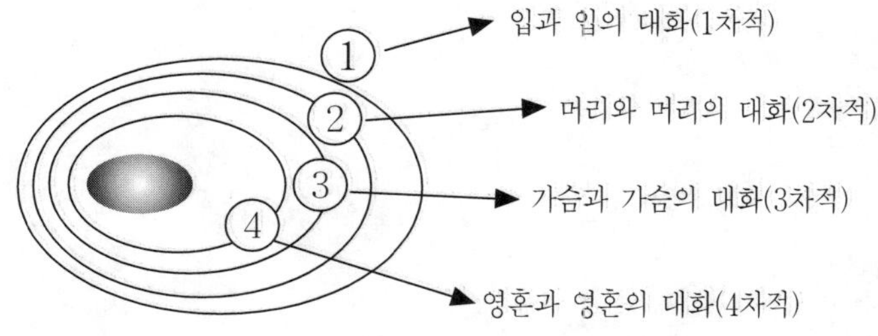

　진정한 대화로 너와 내가 다르다는 것을 인정하고 시작할 때 대화가

교사들의 건전한 정신 위생을 위한 제언

된다. 상대방의 의견이 다르다는 것을 인정하고 시작하는 것이 진정한 대화이다. 그러므로 대화를 통해 다른 사람에게서 칭찬만 들으려는 비생산적인 삶에서 있는 그대로의 자신을 보여주면서 대화하는 생산적인 대화를 통해 진정한 정신적인 자아가 형성될 수 있다.

말로 가르치지 말고 말씀으로 가르치라

7
예수님은 위대한 교사이다

그 분은 우리를 인도해 주시며 지도하여 주신다.
우리는 예수님과 같은 교사가 되기 위해 부단히 기도해야 한다.

기도하지 않게 되면 전자올겐을 치려는데 전기 스위치를 꽂지 않고 치려고 애쓰는 자와 같을 것이다. 그러나 우리가 기도하게 되면 우리 자신이 신선하여지고 우리의 영혼이 충만해 진다.

참으로 위대한 교사인 예수를 닮기 위해 모든 일을 하기 전에 하나님 앞에 기도하는 시간이 있어야 하겠다. "까마귀 옆에 둥지를 튼 종달새는 언젠가 까마귀의 소리를 흉내내는 법이다"라는 격언이 있다. 무엇을 보고 무엇을 듣고 자라나느냐는 어린이들에 있어서 더 없이 중요하다고 할 수 있다.

그러므로 교사는 어린이를 잘 돌봐야한다. 듣고 보는 것을 잘 할 수

있도록 말이다. 그러면서 어린이들이 가지고 있는 무한한 잠재 세계를 불러 일깨워야 한다.

흔히들 교육이라 하면 확고한 일사불란을 바라고, 고분고분 순응만 잘하고 당장 눈앞에서 말 잘 듣고 착한 짓만 하게 만드는 것이라고 착각할 수 있다.

주일학교 예배시 떠들고 장난치는 아이는 말썽꾸러기가 되어 뒤에 가서 손들게 하고 잘 앉아서 있는 아이를 좋은 어린이라고 착각할 때가 있다. 그러나 여기서 기억해야 할 것은 왜 그 어린이가 떠들 수밖에 없는가에 초점을 모아야 한다. 이럴 때 교사는 그럼에도 불구하고 어린이를 문제아로 만들지 말고 칭찬해 주고 격려해 주어야 오히려 그 어린이가 자극을 받아 큰 힘과 용기를 얻게 될 것이다.

세네카의 "일찌기 사람은 남을 배워주는데서 가장 잘 배우게 된다"는 말이 생각난다! 진정한 교육은 교사가 학생을 자기 교사로 삼아 스스로 생도가 될 때 진정한 발전이 있고 참교육이 될 수 있을 것이다.

신약 성경 안에 만일 "교육"이 있다면 그것은 체계 이론이 아니라 체험적인 교육의 경험 과정일 뿐이다. 말하자면 선교라는 교제와 함께 교육이 체험적인 과정으로 초대교회의 삶 속에 존재해 있었다고 볼 수 있다.

그러면 초대교회에 존재했던 교육은 무엇을 지향했는가? 바울은 "여

말로 가르치지 말고 말씀으로 가르치라

러분이 어떻게 사는(걷는, peripatein) 것이 하나님을 기쁘시게 하는 길인가를 우리에게 배운대로… 앞으로도 살아가기(걸어가기)를 바란다"(살전 4:1)라고 훈계한다.

걷는다(peripatein)는 말은 "그리스도교적인 생활을 산다"는 말고 동의어이다. 즉 크리스챤은 "부르시는 하나님의 뜻에 맞게 걷도록"(살전 2:12) "그 부르심에 합당하도록 걸어가라"(엡 4:1)는 말에서와 같이 "주님의 뜻에 따라 걷는다"는 초대교회의 교육의 과정을 돕는 일이 곧 교회의 공동체로서의 본질적인 역할이며 사명이었다.

그러므로 교회에서 교육을 하는 목적은 오직 예수 그리스도에 대한 목적이며 예수 그리스도의 성품과 그 행위를 배우게 하는 것이다. 다시 말해서 '그리스도를 닮은 인격 형성을 위한 가르침이며 또한 과정'이다.

예수님은 이렇게 만들기 위해 몇 가지의 방법을 사용하셨다.

첫 번째, 예수님은 제자들, 그 외 다른 사람들로 하여금 천국의 실제에 직면케 하고 믿음으로 말미암아 하나님의 자녀로 거듭나게 하셨다.

두 번째, 자기들이 쫓던 옛 삶을 버리고 새로운 삶으로서의 복음에 대한 새로운 이해를 도와주시기 위해서 성령의 도우심을 허락하신다.

세 번째, 예수님 자신 속에 있는 생명, 하나님과 하나가 되는 생명을 주시려 함이다. 우리의 생활 속에 복음이 녹아져서 그렇게 행하게 하신다.

예수님은 위대한 교사이다

교사로서의 예수

우리는 흔히들 예수님을 참 교사라고 말한다. 그가 어떤 교사이었기에 참 교사라고 하는가? 마태복음에 "그러나 너희들은 선생(rabbi)이라고 칭호를 듣지 말라. 너희의 선생(didaskalos)은 한 분뿐이다. 너희는 모두 형제이다"(마태복음 23:8)라는 말을 통해서 교사로서 참 교사는 오직 한 분임을 알 수 있다.

예수님은 당시의 통상적인 교사로서의 역할을 하셨는가? 그렇다면 왜 예수님은 교사로서의 역할을 하셨는가? 그는 죽을 인생들을 하나님의 나라로 이끌기 위함이었다. 그리고 죽음 속에서 다시 새로운 삶을 살면서 자신을 새롭게 이해하고 자신의 가능성을 찾아내어 자신을 개발하고 하나님의 자녀로서 가정, 사회, 국가에 대한 올바른 책임 있는 일꾼을 완성하기 위함이다. 즉 그의 초청에 응하여서 우리로서 살던 삶이 예수 그리스도의 삶으로서 살아가기 위함이다.

예수가 교사였다고 하는 말은 예수가 무엇인가 전혀 새로운 방법으로 또는 새로운 것을 가르쳤다는 뜻이 아니라, 예수의 생애, 가르침, 수난 당하심, 그리고 부활을 통해서 그가 무엇인가를 가르쳤다는 의미이다. 예수는 그의 교훈과 생활을 통해서 즉 자기 생활의 전체를 통해 예수임을 가르쳤다.

예수는 그 가르침의 내용 자체였고 그 내용을 가르친 자신이었다. 예

수는, '진정한 교사는 가르침의 내용과 그 과정 및 방법에 있어서 동일 (congruence)해야만 한다'는 이상을 제시한다.

예수에게서 볼 수 있는 이 같은 일치성은 그가 바로 그리스도이심을 입증하는 증거이기도 하다. 이런 의미에서 예수야말로 유일한 진정한 "스승"이었다고 말할 수 있다.

교사로서의 교사

교사로서의 교사는 교사로서의 예수님이 참 교사임을 가르쳐야 한다. 어린이들의 마음속에 예수, 참 교사 그분이 누구인가를 가르치면서 그 분을 믿고 죄를 회개함을 통해서 우리 안에 성령이 역사하여 그 분 안에서의 기쁜 삶을 살 수 있게 가르쳐야 하다.

8

유능한 교사는 가르칠 대상을 잘 안다

주님의 본을 따라가기 위해서 교사는 학생들의 처해있는 위치에서 가르치는 것이 긴급하다. 교사는 학생이 느끼는 대로 같이 느껴야 하며 학생이 깨달아야 하는 대로 같이 깨달을 수 있어야 하며, 학생이 보는 대로 같이 볼 수 있어야 한다.

교사는 다양한 개개인의 학생들의 상황을 잘 관찰해서 개별적인 필요성들을 인식하고 성령님의 인도하심을 받아 이 같은 것들을 채워주는데 도움이 되어야 하는 것이 중요하다.

우리가 어린이들이 처해있는 위치를 인식하지 않고는 아무 것도 그들에게 가르칠 수 없다. 가르치기 전에 학생이 어느 위치에 있는지를 잘 알아야 한다.

예수님께서는 태아로부터 시작하여 어른이 되기까지 육체적으로 각

단계를 거쳐서 완전한 발전을 이루게 되었다. 예수님 자신도 여러 연령 단계를 거치면서 육체적으로 지능적으로 또한 영적인 면으로 발전을 하였던 것이다. 그러므로 교사된 우리들도 가르치고 있는 어린아이들이 최고도의 완전한 적응과 발전을 가져올 수 있도록 해야 한다.

어린이들이 성장 발달에 있어 발달은 계속적이나 발달의 속도는 항상 일정하지 않다. 신체의 각 부위에 따라 정신 기능에 따라 발달의 속도가 각각 다르다. 이와 같이 특정한 시기에 어떤 기관이나 기능의 발달이 급격히 진행되며 그 시기에 꼭 학습이 잘 이루어지는 시기를 "결정적 시기"(Critiral periods)라고 한다. 발달의 개인차(Individual difference)가 있다.

남녀의 사이에도 차이가 있지만 어떤 사람은 급격하게 발달하고 또 어떤 어린이는 천천히 발달하는 경우도 있다. 신체적 발달에서 뿐 아니라 정서적 발달에서도 나타난다.

누가는 그가 쓴 성경책 2장에서 예수님이 열두 살 되었을 때의 생활을 이야기한다. 그는 법을 가르치는 자들과 깊은 문제를 토론하고 있었는데, 예수께서 모든 문제를 이해하고 또 대답하는 것을 보고 모든 사람들이 놀랐었다고 하였다.

마리아와 요셉은 저녁이 되자 예수를 찾게 되었다. 성전에서 그들은 예수를 찾았다. 마리아가 예수께 우리가 얼마나 너를 찾았는지 아느냐

말로 가르치지 말고 말씀으로 가르치라

고 말했을 때 열두 살 먹은 예수가 한 말이 있다. "내가 내 아버지의 집에 있어야 될 줄을 알지 못하셨나이까!" 이와 같이 어린이들도 하나님의 일에 관심을 가지고 일을 하는 사람이 되기를 얼마나 소원하고 있는지 모른다. 우리가 이와 같은 것을 이해하려면 우리는 어린이들을 연령층에 따라 분명하게 이해하고 있어야 한다.

유아부(2~3세)

그리고 나서 어린이들의 실생활에서 일어났던 경험의 이야기를 자유스럽게 들어주어야 한다. 공부도 잘하고 훌륭한 어린이가 되기 위해서 예수님을 믿는 것이 아닌 예수님을 잘 믿으니까 우는 사자처럼 찾아다니는 마귀도 없어지고, 과거에 가지고 있던 나쁜 습관들이 없어져서 이제는 어떤 일을 해도 잘할 수 있는 어린이가 될 수 있다고 가르친다.

그리고 교사로서의 교사는 어린이들이 배우고 듣고 본 것을 어느 정도 이해하고 믿고 확신하는지를 점검하여 교사로서의 교사가 아닌 교사로서의 예수를 가르쳐야 한다. 즉, 우리의 선생님은 우리에게 가르쳐 주고 말씀하신 대로 생활을 하려고 노력한다고 인정을 받는 훌륭한 교사가 되어야 한다.

결론적으로 예수의 교육을 본받아 "이론의 전달"이 아닌 한 마리의 잃어버린 양을 찾는 예수의 관심을 생각하면서 그 분의 개방된 삶의 형

유능한 교사는 가르칠 대상을 잘 안다

태를 통해 올바른 교육관과 교사상을 모색하는데 늘 마음의 표준으로 삼아야 한다.

이 시기는 기억력이 상당히 발달되고 이 시기에 그에게 주는 영향이 평생을 좌우할 정도로 굉장히 중요한 시기이다. 상상이 풍부하고 잠재 가능성이 무한하다. 지능적으로 자아 중심적이며 누구를 의존하게 되며 어휘가 발달하게 된다. 주의력이 2~3분 정도이며 말보다는 행동과 목적물로 이해를 더 쉽게 한다.

또한 숫자의 시간과 공간에 대해 적은 개념을 가지고 상상적인 것과 실제적인 면을 혼동한다. 이 시기는 영적인 면에서 하나님을 자기들이 원하는 좋은 것들과 연관을 지으며 성경이 예수님에 대해 가르쳐 주는 특별한 책이라고 생각한다. 그리고 교회는 행복한 체험을 주는 장소라는 것을 느낄 수 있고 예수님이 나의 가장 좋은 친구라는 생각까지도 갖는다.

유치부(5~6세)

이 시기에는 "내가 할래" "내가 간다"와 같이 "자기의식이 생기기 시작, 자기 주장이 생기고 부모의 주장을 타협시키려고 하는 사회성에 눈 뜨기 시작한다. 신체적으로 에너지가 터질 듯 넘치지만 쉽게 피곤해 한다. 이 때에는 감각을 통해 쉽게 배운다.

정신적으로는 5~10분까지 주의력을 집중시킬 수 있으며 일반적인 것보다는 개인적인 것이 더 민감하다. 가장 공상이 많을 때다. 이 시기는 무서움을 많이 느끼고 또 이야기를 많이 한다.

영적으로 이 시기는 하나님이 자기를 사랑하고 있다는 것과 자기도 하나님께 이야기를 할 수 있다는 것을 배울 수 있다. 하나님의 규칙을 범했을 때 미안한 감을 느끼는 것을 배운다. 또한 이 시기는 예수님이 항상 그들과 함께 계시다는 것을 깨닫는다.

유년부(7~9세)

독립심이 강하고 많은 활동을 하며 불균형하게 성장하여 별안간 에너지가 발산된다. 눈치가 빨라서 배움의 터를 넓혀가면서 사회적으로는 다른 어린이들과 놀기를 좋아한다. 그래서 단체에 가입하는 것을 좋아하고 성인들의 활동에 동참하기를 즐긴다. 이 때는 쉽사리 흥분하고 어두움을 무서워한다.

영적인 면에 있어서 하나님은 사랑이시며 강하시고 거룩하고 성경은 놀라운 이야기로 되어 있으며 성경에서 주는 사상보다는 말씀 자체를 더 깨닫는다. 매일 주님의 도우심을 바라면서 용서하는 것이 무엇인지를 알며 하나님께서 그를 용서하시길 원하신다는 것을 알게 된다.

이 시기는 또한 올바른 일을 하려고 하는데 있어서 하나님의 도움을

필요로 한다는 사실을 가르침 받아야 한다. 이 때는 하나님의 집에 대하여 점점 큰사랑을 가지기 시작한다.

초등부(10~12세)

인생 중에 있어서 가장 건강한 시기이며 오래 참는 것을 즐기면서도 가만히 있지를 못하고 떠들기를 좋아한다. 그들은 자기의 세계가 점점 넓어지면서 읽는 것과 쓰는 것을 즐긴다. 기억력이 왕성하여 인생에 있어 어느 때 보다도 사실들을 잘 기억하게 되는 때이다. 이 시기야 말로 하나님의 말씀을 그들의 마음속에 잘 간직하고 숨겨둘 수 있도록 도와 주어야 한다.

또한 존경심을 갖기 시작하면서 자기의 용감성도 뽐내고 많은 유혹을 당하게 되고 거짓된 것을 말하고도 뽐내기도 한다. 농담을 좋아하고 유우머를 즐긴다.

영적인 면에서 이 때는 하나님은 온 지상에서 가장 위대한 재판장이라 생각하고 그리스도를 구세주로 영접하며 책임을 맡을 수 있다. 이 시기에 그들은 하나님을 대항하여서 하는 것은 무엇이나 다 죄라고 하는 것을 이해하게 된다.

예수님을 진정으로 그들 마음속에 영접함으로서 거듭나는 체험을 실제로 가질 능력을 갖게 된다. 이때 들인 습관이 자라서 성격을 형성케

된다. 성령의 능력을 받아드림으로서 죄의 유혹들을 물리칠 수 있다는 사실을 가르쳐야 한다. 정기적으로 성경을 읽고 기도하는 습성을 계속 개발하여야 한다.

학생 연령의 특징들

연령	신체적인 면	정신적인 면	사회적인 면	영적인 면
2-4세 유아부	· 신속히 성장 · 즉각적인 활동 · 많은 근육활동을 즐긴다 · 건강이 약하다 · 신경체제가 예민하다 · 미각, 촉각, 시각 등이 자극을 갈망한다	· 2-3분 주의력 지속 · 주의의 범위가 제한, 어휘, 개념이 제한되어 있다 · 말보다는 행동이나 목적물로 더 쉽게 이해한다 · 상상적인 것과 실제적인 면을 혼돈한다	· 자기중심적이며 혼자놀기 좋아한다 · 단체심이 없고 다른 사람에 대한 의존도가 높다	· 하나님을 자기들이 원하는 것들과 연관지음 · 아주 기초적인 영적인 개념만 이해한다 · 예수님을 그들의 가장 좋은 친구로 생각할 수 있다
5-6세 유치부	· 계속적인 빠른 성장이 체력의 한계를 느낀다 · 근육조절이 세련되게 되지 않고 손가락 근육은 조정이 안된다 · 건강이 허약, 쉽게 피로해 진다 · 놀이를 통한 감각으로 배운다	· 5-10분 주의력 지속 · 자기정체를 개발하고 어휘가 증가 · 일반적인 것보다는 개인적인 것을 이해한다 · 자기와 관계되는 제한된 숫자개념이 있다 · 뛰어난 상상력을 발휘한다	· 집단의식이 발달, 아직도 기본적으로 자기 중심적이다 · 성인을 모방하며, 양보심도 배운다	· 하나님 아버지를 지상의 아버지와 연관지음 · 실체와 추상에 대한 혼돈이 있다 · 짧은 암송 구절들이 대화속에 개입될 수 있다 · 하나님의 규칙을 범했을 때 미안함을 느낀다

유능한 교사는 가르칠 대상을 잘 안다

연령	신체적인 면	정신적인 면	사회적인 면	영적인 면
5-6세 유치부				・예수님이 그들과 함께 있음을 깨닫는다
7-9세 유년부	・불균형하게 성장하며 정력이 충만하다 ・근육조절이 발달되어 작은 근육을 조절한다 ・질병에 걸리기 쉽다 ・물건을 교묘하게 만지며 다룬다	・15-20분 주의력 지속 ・열렬한 독서욕이 생김 ・연대적인 순서를 잘 깨닫지 못한다 ・믿게 만든 거짓의 이야기를 즐긴다	・단체 속에 개입되는 것에 관심을 갖는다 ・이타적이며 성인들의 활동에 동참하기를 좋아함 ・단체 경쟁보다 개인적으로 활동하는 것을 택한다	・하나님은 사랑이시며, 강하시며 거룩하시다 ・성서는 가장 놀라운 일로 가득 차 있다 성서의 말씀을 잘 깨닫는다 ・매일 주님의 도우심을 경험한다
10-12세 초등부	・천천히 성장하나 한정없이 에너지를 발산하다 ・작은 근육들을 사용할 수 있는 기술적인 면이 발전한다 ・인생중 가장 건전한 시기이다 ・인내심이 강해지며, 문제에 대한 정의감이 생긴다	・30-45분 주의력을 지속한다 ・논리적인 사고 암기력, 개념을 이해한다 ・분명한 숫자 시간 공간에 대한 감각이 발전한다 ・진실된 실화들을 듣기 원한다	・집단참여, 이성분리 ・친구의 의견에 관심을 갖는다 ・타인을 위해 자신의 관심을 희생하기 시작한다 ・정의감을 느끼며 경쟁을 즐긴다	・영웅숭배, 구원에 대한 준비를 한다 ・하나님은 온 지상에 가장 위대한 재판장이다 ・암기력이 가장 발달한다 ・성서만이 하나님이 주시는 유일한 대답들을 가지고 있다 가장 위대한 영웅 예수 그리스도와 모험 속에 들어갈 수 있다
13-15세 중등부	・매우 빠른 속도로 불균형하게 급성장 한다 ・정력의 변화와 피곤감을 느낀다 ・남자들보다 여자들이 더욱 성숙해	・지적인 성숙, 자기정체에 대한 이해가 발전된다 ・결론을 잘 내리며 미성숙한 판단을 한다 ・개인적인 문제를	・놀리기를 좋아한다 ・새로운 경험을 하고 싶어하되 특히 어른이 되고 싶어하며 자기 자신들의 결정을 갖는다	・진정한 개심의 경험, 그리스도인의 성품을 개발한다 ・정적인 경험을 원하며 모든 면에 적극적인 반응을 보인다

말로 가르치지 말고 말씀으로 가르치라

연령	신체적인 면	정신적인 면	사회적인 면	영적인 면
13-15세 중등부	진다	가지고 있으면서 속으로만 끙끙 앓는다	· 가정보다 우상에 대한 충성심을 갖는다 · 자기 자신들의 잘못을 시인하려 하지 않는다	· 예민하고, 잔인하고, 변덕스럽고 우울하며, 반역적이다 · 이해해 줄 사람이 없을 때 그를 이해해 줄 수 있는 분으로 그리스도가 필요하다 · 성령의 능력을 체험할 필요가 있다
16-18세 고등부	· 천천히 균형있게 성장한다 · 관심있는 일에는 많은 정열을 쏟는다 · 이성과의 새로운 경험을 갈망한다	· 예리하고 호기심이 강하고 대담성이 있다 · 이성이 발달하나 아직 명확하거나 신빙성은 없다 · 독립심과 책임감이 있고 미래에 대한 관심이 있다 · 종종 의심하며 실제성과 실천성에 대한 아이디어를 받아들이기 전에 시험해보고 싶어한다	· 가족유대가 약화 또래집단을 필요로 한다 · 이성과의 교제욕구를 가진다 · 자신감을 튼튼하게 하기 위해 비평적이면서도 거만한 태도를 취하기도 한다 · 비교적 개인주의자가 되려고 한다 · 공통된 관심을 가진 자들을 중심으로 자기 연령과 비슷한 사람들끼리 독자적인 모임을 만든다	· 인격적 신앙에 반응한다 · 종교적인 체험을 요구한다 · 신앙에 대한 의혹이 생긴다 · 인생살이의 모든 면들을 모두 경험해 보려는 관심이 있다 · 그리스도안에서의 매일의 승리생활을 경험한다
19-24세 청년부	· 신체적인 성숙에 도달한다 · 신체적인 인내심을 즐긴다 · 관심의 세계가 넓	· 최대의 수용능력을 갖는다 · 추상적인 개념과 무형의 것들에 대해 창조적으로 생	· 성인세계의 책임을 떠맡을 수 있어야 한다 · 체면이 따르는 경우에는 윗권세를	· 정적인 면을 믿음과 경험과 굳굳함과 합리성으로 조절할 수 있다 · 자기들의 최선을

유능한 교사는 가르칠 대상을 잘 안다

연령	신체적인 면	정신적인 면	사회적인 면	영적인 면
19-24세 청년부	어겨서 이성에 대한 관심이 준다	각해 낼 수 있다 · 경험과 훈련을 통해 비교적 실제적이 되고 신뢰성이 있게 된다 · 여러 분야를 조사하고 능력에 따라 전공분야를 택한다	온전히 인정해 준다 · 친구를 깊이 사귀며 많은 사람과 친숙해지며 남녀모임을 즐긴다	다하기에 합당한 도전들에 대해서 반응이 빠르다 · 철저한 그리스도의 세계와 생활관을 체험해 나갈 필요가 있다
24세 이상 장년부	· 인생의 절정에 이르나 신체적으로는 감퇴 · 안정되고 믿을 수 있으며 결실적이다 · 육신의 정욕이 쇠퇴해지고 기질성의 약화가 나타낼 때는 당황한다	· 생산적이나 고집이 있다 · 계속 예리하게 보아왔다면 통찰력을 소유하고 있다 · 경험이 풍부하며 골고루 갖춘 균형 이룬 성숙함이 있다 · 실제적인 것들에 대해서 계속 배우고 싶어하는 욕망과 능력이 있다	· 무거운 책임감 때문에 종종 굳은 표정을 짓는다 · 다시는 젊어질 수 없다는 생각을 받아들이기는 힘들다 · 포부는 강하고 의지력은 비슷하게 된다 · 우정에는 변함이 없으나 틀에 박힌 관례가 되어 버릴 경우가 있다	· 개성은 수많은 마음의 갈등과 습관적인 방법에 따라 형성된다 · 세월이 갈수록 개인주의가 된다 · 하나님으로부터 지도자로 부르시는 그리스도의 소명을 받을 수 있어야 한다 · 만왕의 왕을 섬기는 생활의 기쁨과 충만함을 더욱 더 깊이 체험해 볼 필요가 있다

말로 가르치지 말고 말씀으로 가르치라

9

보고 들은대로 하는 것이 어린이다

한 이야기가 행동적으로 표현될 때 다른 어느 공부보다도 어린이들에게 효과를 나타낼 것이다.

사람은 듣는 것을 10% 기억하고, 보는 것은 50%를, 말하는 것은 70%를, 실제로 행동하는 것은 90%를 기억한다고 한다. 그러므로 어린이들에게는 많은 시청각물을 사용할 필요가 있고, 학습에 필수적인 것이다.

교회에서의 일이다. 주일 오전 예배 시작 11시 정각이었다. 특별히 고난주간의 주일이었다. 성가대원들은 성가대석에 있고 예배위원 담당자들도 모두 자기들의 자리를 잡고 있었다.

그런데 정작 보여야 할 목사님을 보이질 않았다. 갑자기 교회 안이 어두워지면서 성가대원 모두는 기립하여 찬양을 부르기 시작했다. "갈보

리 산 위에 십자가 섰으니 주가 고난을 당한 표라" 하면서 찬송을 부를 때 출입구에 한 사람이 나타났다.

그는 머리에 가시관을 쓰고 발에는 무거운 쇠고랑을 차고 그리고 어깨에는 무거운 십자가를 지신 사람이다. 교회 안의 분위기는 무거웠고 모든 성도들은 성가대원들이 찬송하는 소리를 따라 불렀다.

마침내 처절한 모습으로 강단까지 올라온 십자가를 진 사람 그 사람은 바로 목사님이었다. 그 날은 대표기도도, 찬송도, 말씀도 어떤 순서도 없었다. 30분 동안 진행된 그 모습을 보고는 모든 성도들의 눈에서는 눈물이 흘렀다. 여기저기서 흐느끼는 소리와 함께 기도가 시작이 되었고 기도의 소리는 끊일 줄을 몰랐다. 그날 그 예배는 일생에 있어서 전무후무한 예배였다.

이렇게 시청각 교육이란 5각의 감각기관을 통하여 전달하는 방법을 말한다. 보통 시청각 교육이라 하면 어린이들만을 상대로 한 것이라고 생각하기가 쉽다.

한마디로 시청각 교육이란 하나님의 말씀을 쉽게 전달하고 오랫동안 기억시키기 위한 하나의 수단이다. 즉 몸으로 설교한 목사님처럼 시청각 교육은 짧은 시간에 많은 것을 배울 수가 있고, 인상적이기에 오랫동안 기억을 시킨다. 그리고 학습도 명백히 해준다.

예를 들어서 피아노가 있는데 한번도 피아노를 보지 못한 어린이에게

피아노를 설명한다면 굉장히 어려울 것이다. 또 어떤 사람의 얼굴의 모습을 이야기로 설명하자면 설명이 잘 되지 않을 것이다. 그러나 실물의 피아노나 사진을 보여 주고서 이렇게 생겼다 라고 하면 쉽게 의사전달이 될 수 있다.

이렇게 시청각을 사용하면 많은 이로운 점이 있다. 첫 번째, 짧은 시간에 많은 것을 배울 수 있다. 두 번째, 인상적이기 때문에 오랫동안 기억을 시킨다. 세 번째, 학습을 명백하게 해준다. 네 번째, 관심과 흥미를 일으키며 주의를 집중시킬 수 있다. 다섯 번째, 배운 것을 재확인시킬 수 있다.

하나님은 시각을 통해서 가르치셨다

하나님은 자기의 백성들을 여러 가지 방법을 통해서 가르치셨다. 하나님은 말로서만 표현한 분이 아니고 눈으로, 즉 보는 것으로 진리를 가르쳐 주셨다.

하나님은 나무나 화염검으로 아담을 가르치셨고 무지개로 노아를 가르치셨고 별들을 통해 아브라함을 가르치셨다.

그는 또한 제자들을 가르치는 가운데 어린아이를 무릎에 앉히시고 "너희가 돌이켜 어린아이들과 같이 되지 아니하면 결단코 천국에 들어가지 못하니라"(마 18:1-3)라고 하셨다.

●

보고 들은대로 하는 것이 어린이다

그는 또한 도마에게 자기의 손을 펴서 만져보라고 하였고, 공중의 새를 가르치면서(마 6:26) 하나님의 진리를 전파하셨다. 이렇듯 시각적인 효과는 굉장히 중요하다.

우리가 듣는 것(언어)-10%를

우리가 보는 것(시각)-50%를

우리가 해보는 경험(참여)-90%를 기억함으로 교육적인 효과가 있다.

어린이들에게는 시청각을 사용해야 한다

공과공부를 가르치는 시간이나 동화를 들려주는 시간이나 또는 설교를 하는 시간에 있어서 시청각은 필수적이라 할 수 있다.

사진이나 실물 아니면 직접 그려서 어린이로 하여금 설명하고자 하는 부분들을 쉽게 이해시켜 나갈 수 있다. 그러나 자료를 가지고 직접 어린이들이 만져도 보고 바라보면서 자기 자신들의 좋은 세계를 간접적으로 넓혀 가는 일을 할 수 있다.

어린이들을 상대로 한 말은 말을 듣는 어린이들과 똑같은 경험적인 사건이 아니라면 이해하기가 힘이 든다. 그러므로 어린이를 지도함에 있어 어떤 추상적인 말로 교리를 설명하기보다는 오히려 다른 친구나 좋은 예화를 통해 영적인 경험에 대하여 말해 주는 것이 좋다. 예화에 있어서도 상징적인 용어를 사용해서 예화를 쓰기보다는 실제적인 경험

이나 상상적인 경험에서 끌어낸 예화이어야 한다.

즉 학교나 가정, 놀이터 기타 많은 장소에서 옳은 일을 행하면서 주님의 말씀 안에 살아가는 다른 친구들에 대한이야기를 들려줌이 좋은 것이다.

시청각을 사용할 때 이런 것에 주의하라

시청각을 사용함에 있어서 시청각을 위한 시청각이 되어서는 안 된다. 시청각은 얼마나 많은 재료를 가지고 사용했느냐가 중요한 것이 아니라 교사가 어린이들을 가르치려고 한 부분을 위해 얼마만큼의 도움을 주었느냐에 있다.

그리고 시청각은 어린이들을 즐겁게 해준다든지 어린이들을 조용히 시키고 흥미만을 돋구기 위함은 아니다.

또한 시청각을 사용한다고 해서 만사가 다 해결됨도 아니다. 다만 가르치려고 하는 계획에 맞도록 조심스럽게 사용해야 한다. 조금 더 비약시켜서 말한다면 시청각은 어떠한 재료가 아니라 우리의 모습, 행동 등 눈에 보이고 귀에 들리는 모든 것이기 때문에 사명감을 가지고 어린이를 향한 올바른 시청각이 되어야 한다.

보고 들은대로 하는 것이 어린이다

10

선생님! 난 이런 선생님이 좋아요

가르친다는 것이 얼마나 위대한 일인가? 우리는 교사가 되어 어린 이를 가르칠 때 하나님 보시기에 그렇게도 중요하고 귀중한 직분을 맡을 기회가 있었다는 사실에 감사를 해야 한다. 교사는 가르침에 있어 기꺼이 가르침을 받으려고 하는 겸손한 자세를 통해 가르쳐야 한다.

교사!

참으로 위대한 도전이다! 참으로 중대한 책임이 아닐 수 없다. 그러나 당신에게 은사가 있으므로 하나님께서 자신의 일을 위하여 그 은사를 효과적으로 잘 사용하도록 해 주시리라는 것을 명심하라.

당신에게 은사를 주셨으니, "주의 성령이 내게 임하셨으니, 이는 주께서 내게 기름을 부으셨음이라"(눅 4:18)

　어느 초등학교 4학년 미술시간이었다. 선생님은 예쁜 사과를 교탁 위에 올려놓고서 어린이들에게 정물화를 그리라고 했다. 모든 어린이들은 예쁜 사과를 보고 자기 나름대로의 예쁜 모습으로 도화지 위에 옮기기 시작했다. 시간이 거의 끝나갈 무렵 선생님은 어린이들이 얼마만큼 그림을 그렸는가 확인해보려고 이리저리 다니기 시작했다.

　그때 선생님은 철수라는 어린이의 그림을 보고서 그 자리에 멈추게 되었다. 선생님은 철수를 향해서 이렇게 소리쳤다. 철수야! 너는 한시간 동안 장난만 쳤니? 이 그림이 이게 뭐냐! 화가 난 선생님은 철수가 그린 그림을 들고서 많은 반 친구들 앞에 철수를 세웠다.

　"여러분! 여기 철수가 그린 그림을 보세요. 빨간 사과를 그리라고 했는데 철수는 한 시간 동안 장난만 치면서 사과의 색깔도 빨간색이 아닌 파란색을 칠했어요. 여러분! 당연히 철수는 벌을 받아야겠죠?" 라고 선생님이 묻자 반 친구들은 모두다 까르르 웃으면서 "야! 철수는 빨간색하고 파란색을 구별 못하는 색맹인가 봐." 하면서 늘렸다.

　아무 말 없이 제자리로 돌아온 철수는 책상에 얼굴을 파묻고서 마구 울었다. 집에 돌아간 철수는 일기장에 이렇게 기록했다. "이제부터 나는 죽을 때까지 그림을 그리지 않을 것이다." 오늘 미술시간 교탁 위에 있던 빨간 사과는 철수의 눈에 파란빛을 냈었다. 그 이유는 창문 옆에 앉은 철수의 눈에는 밖에서 들어오는 햇빛과 빨간색이 복합되어 파란 사

과로 보였던 것이다.

어린이를 맡은 교사의 역할이 얼마나 중요한가 파랗게 보인 것을 파랗게 그렸을 뿐인데 그는 선생님의 잘못으로 평생 그림을 그리지 못하는 어린이가 된 것이다.

때때로 교사의 입장에서 어린이를 이해하려고 하는 어리석음에 빠질 때가 많이 있다. 더구나 주일 하루를 어린이들과 만나서 가르침을 갖는 교사의 역할이나 책임은 더욱 크다.

고린도전서 12장 28절에 "하나님이 교회 중에 몇을 세우셨으니 첫째는 사도요, 둘째는 선지자요, 셋째는 교사"라고 기록하신다. 교사란 교사중의 교사이신 예수님을 통하여 용서와 구원과 하나님의 사랑의 기쁜 소식을 깨닫고 그 소식에 응답하고 그 소식을 전하는 자로서 예수님이 명령하신 모든 부분들을 가르쳐 지키게 하는 교육적 소명(vocation)을 받아들이는 것이다.

그러므로 교사는 어떤 지식만을 전달하고자 자신의 인격적인 수양을 통해 어린이를 지도하는 자로서가 아니라. 즉 내가 어느 대학에서 교육학을 전공했으니까 하는 식의 상식적인 자로서의 역할이 아니라 교사란 참 교사이신 예수님의 가르침에 심부름하고 섬기고 봉사하는 자로서의 도구에 불과하다. 즉 나의 말이 아니라 예수님의 말씀을 가르치는 역할이다.

빨간 사과를 파란 사과로 그렸다고 꾸중한 교사의 입장에서가 아니라 왜! 이 어린이는 파란 사과를 그렸을까 하면서 창문 옆 그 자리에 앉아서 파란 사과를 보는 교사, 어린이의 정직성을 인정하면서 그 안에 예수님의 사랑의 인격을 가르치는 도구로서의 역할이다.

이렇게 준비하라

연초에 교사를 임명할 때 교회학교를 담당한 많은 사람들은 교회 청년들을 도마 위에 한 사람씩 올려놓고서 이 청년은 교사로서 자격이 있다 없다를 판단한다. 또 어떤 교회에서는 교사대학이란 프로그램을 통해서 소정의 자격을 갖추게 한 후에 교사를 임명한다. 모두 다 좋은 방법인 줄 안다.

그러나 정말 중요한 것은 열심있는 모습 속에 인정받고 어떤 프로그램을 통해서 자격을 갖추는 식의 교사 선택보다 더 중요한 것은 교사가 될 당사자의 마음가짐이고 하나님과의 솔직한 자기 고백인 줄 안다. 교회가 커지면 커질수록 조직이라는 권위를 통해서 모든 것을 하려다보니 교회가 세상의 학문의 저울을 통해서 판단하게 된다.

교사가 되고 싶은 사람이 있다면 먼저 이렇게 준비해야 하다. 첫째로 내가 믿고 고백하는 예수님을 얼마나 알고 깨달으려고 성령님의 도우심을 구했는가 그리고 그렇게 살려고 기도했는가?

말로 가르치지 말고 말씀으로 가르치라

두 번째 어린이를 사랑하고 있는가? 아니 예수님을 사랑하기에 어린이를 사랑할 수 있는 가능성이 있는가? 세 번째, 나는 가르칠만한 학식과 능력은 없을지라도 성령님의 도구로서 헌신할 마음의 준비가 되어 있는가? 마지막으로 백짓장과 같은 어린이들에게 어떤 그림을 그려줄 것인가?

그림의 주관자로 내가 그릴 것인가 아니면 성령님이 그릴 것인가? 이 것은 하나의 교과서적인 도식이 아닌 이런 고백을 할 수 있는, 또한 하려고 부단히 기도하는 사람이어야 한다.

이런 고백과 기도가 되어진 사람이 있다면 예수님께서는 사명감에 불타는 교사, 충성스러운 일꾼, 모든 것을 잘 참고 협조를 잘 하는 훌륭한 예수님의 인격체로서 성장시키신다.

이런 교사가 되라

교사는 가르친다라는 권위적인 입장에서 서 있을 수 있다. 그러나 훌륭한 교사는 넘어진 어린이를 일으켜 주는 교사가 아니라 일어날 수 있도록 격려해 주는 자이다.

즉 '가르친다 라기 보다는 가리킨다' 라는 말이 옳을 것이다. 어느 방향을 가리켜 주어서 어린이들이 갈 수 있게 하는 조력자의 역할이 되어야 한다.

주입식 교육에 익숙해져 있는 우리들은 성경구절을 암송시키고 분반 공부를 잘해서 성경시험에 우수한 성적을 갖게 하는 등의 방법으로 잘못 일관될 수 있다.

교사는 어린이들에게 순수함을 배우고 예수님의 것을 가르쳐주는 친구로서의 교사 동료 대 동료의 관계(a buddy-buddy relationship)의 친구가 아닌 가리켜 주는 자와 가리킴을 받는 자로서의 친구이다.

선생님이 어린이 한 심령을 위해 희생함으로 예수님의 십자가의 사랑을 깨닫게 하고, 어린 시절 희생적인 선생님 때문에 평생동안 예수님의 사랑 안에서 살아가는 어린이, 바로 이러한 인격자로서의 친구가 되어야 한다.

아울러 어린이들의 학교, 가정, 친구, 생활의 모든 이야기를 들어주는 상담자로서의 교사가 되어야 하는 것이다.

자기 발전을 위해 끊임없이 배우고 확신하면서 어린 심령들에게 성서적, 신학적인 많은 부분을 잘 소화시킬 수 있도록 하여야 한다.

더불어 참 교사이신 예수님을 잊지 말고 하나님의 말씀의 종으로서의 역할을 잘 감당하여야 하겠다.

난! 이런 선생님이 좋아요

첫째, 거듭난 자로서의 평안과 기쁨을 가지고 새 생명의 삶을 사세요.

둘째, 어린 심령 한 사람씩을 불러가면서 기도하세요.

셋째, 내가 먼저 성령으로 충만키 위해 연단하고 말씀으로 무장하세요.

넷째, 한번의 공과 준비를 위해 일주일 동안을 기도하면서 노력하세요.

다섯째, 나 자신을 가르침이 아닌 예수님을 가리켜 주기에 부끄러워하거나 소극적인 행동은 하지 마세요.

여섯째, 내가 가진 감정이 표출되지 않도록 기도하세요.

일곱째, 어린 영혼들을 진실로 긍휼이 여기는 긍휼(compassion)을 가지세요.

콜롬버스는 46살이 되었을 때 지구가 둥글다는 비젼(Vision)을 가지고 그것을 자신이 한 바퀴 돌아서 증명하여 보려는 비젼을 가지고 있었다.

어떤 사람은 공중에 날아다니는 비젼을 가지고 있어서 비행기를 제작했다. 전화를 발명한 사람은 멀리 떨어진 사람과 줄을 통해서 대화하는 비젼을 가진 사람이었다.

예수 그리스도도 비젼이 있었다. 만일 그가 이 땅위에 오시기만 하면 여러분과 내가 하나님과 화목하게 될 것이라는 비젼이 있었다.

우리들도 한국의 어린이들을 그리스도 앞으로 인도하기만 한다면 그

들 중에서 많은 사람들이 신자가 되어서 놀라운 전도자들이 될 것이라
는 비젼이 있어야 하겠다.

말로 가르치지 말고 말씀으로 가르치라

11
성장하는 교회는 성장할 짓만 한다

교회에서 야간 초소를 방문을 하는데 군대 들어와 처음으로 보초를 서는 훈련병들과 군인들을 찾아간 적이 있다. 그들을 위해서 기도를 해주고 밤에 산을 쫓아다니면서 그들에게 커피를 나누어주었다. 그러면 나는 그 친구들이 교회에 다 나올 줄 알았다. 그래서 추운 겨울에 산마다 다니면서 커피를 그렇게 나누어주었던 것이다.

그런데 다음주에 그 친구들은 한 명도 교회에 나오지 않았다. 커피를 줄 때는 얼마나 좋아하는지 눈물을 흘리면서 날 보고 천사라며 예수님의 사랑이 이런 것이냐고 온갖 미사어구로 칭찬을 하던 자들이었다. 그러나 올 줄 알고 기다렸지만 오지 않았다.

기도를 하는 중에 하나님께서 커피를 주지 말고 가서 복음을 전하라고 하신다. 그래서 내가 데리고 있던 조수하고 올라가서 그 친구들에게 장갑을 벗으라고 하고 그 손을 붙잡고 손등 위에 눈물을 뿌려 가면서 기도하기 시작했다.

'하나님 이 형제가 지금 예수를 믿지 않고 있는데 믿지 않고서 어찌 하나님 나라에 들어갈 수 있겠습니까?' 단순하게 그에게 믿음을 달라고 간절히 기도했다. 그런데 커피를 주고, 과자를 주어도 나오지 않던 친구들이 그렇게 눈물 흘려 기도하고 나니까 한 명, 두 명 주일날 교회에 나오기 시작했다. 그렇게 두 세달 하고 나니까 교회가 차기 시작해서 민간인 80명 군인 150명 들어갈 수 있는 교회인데 꽉 차는 역사가 있었다.

그래서 그때 나는 한가지 진리를 발견했다. 이 세상의 썩어질 것을 주면 그 사람들은 평생 그것만을 구하다가 하나님을 모르게 된다. 그러나 영원히 변치 않는 영생의 말씀을 주면, 예수를 주면, 그 말씀을 받는 사람들은 영원히 변치 않는 사람들이 되고 영생의 말씀에 붙잡혀서 교회에 나오게 되는 것이다.

특별한 것은 바로 예수!

특별 프로그램이란 것은 이 세상에 없다. 사람들은 뭔가 특별한 것을 좋아하는데 특별한 것은 없다. 하나님으로부터 지음 받은 우리 존재들은 특별할 수가 없기 때문이다. 특별한 것은 하나님을 주는 것이다. 성령을 주라. 말씀 그 자체를 주면 특별한 사람이 되는 것이다.

나는 특별한 사람이 아니지만 하나님의 종이 되고, 하나님의 일을 하기 때문에 특별해졌다. 우리도 땅에서 존재하는 세속적인 사람이라면 특별한 존재가 아닐 것이다. 그러나 교회에서 성령을 받고 성도가 되었다.

우리가 거룩해서 거룩하게 된 것이 아니고 그 분이 거룩하기 때문에 우리가 거룩하게 된 것이다. 내가 특별한 것이 아니고 그분이 특별한 것이고, 그 분이 특별하니까 그 분의 것을 주는 것이 특별 프로그램이다.

이 세상에 기능, 도구 등 많은 프로그램이 있지만 하나님께 쓰임 받는 것이 특별한 것이다. 하나님께 쓰임 받지 못하는 것들은 특별한 것이 없다. 우리가 결단해야 한다.

우리가 특별하지만 우리가 특별해서 특별한 것이 아니다. 인간의 머리나 지혜에서 나오는 것은 특별하지 않다. 하늘로부터 온 것 그분으로부터 온 것이 특별한 것이다.

그러니까 어린이에게 어떤 것을 주어야 할지는 결정이 된 것이다. 한국교회의 어린이나 중고등부가 부흥할 수 있었던 이유 중에 하나가 성경학교와 캠프를 통해서이다. 어른들이 부흥할 수 있는 요소 중 하나가 바로 심령 대부흥성회 같은 집회인 것이다. 이것을 누가 만들었는지는 몰라도 이런 것을 통해서 한국교회가 부흥해왔다.

그런데 그때 우리는 인원을 모으기에 급급했다. 그리고 사람들을 교

성장하는 교회는 성장할 짓만 한다

회에 붙잡아 놓기 위해서 갖은 애를 다 썼다. 성경학교 때도 우리가 티셔츠다 뭐다 주는 것은 많은데 그들에게 한가지를 주지 못했다. 바로 하늘의 신령한 것을 주지 못하고 정말 특별한 것을 주지 못한 것이다.

특별한 것을 주지 못하니까 시작할 때는 500명이 참석해도 끝날 때는 100명도 남지 않는 것이다. 그리고서는 500명이 모였다고 자랑한다. 그러나 알고 보면 남아 있는 것이 없다.

교사들도 성경학교 때는 강습회도 다니고, 율동도 배우고, 상담도 배우고, 가슴에 불이 나서 뭔가 할 것 같은 마음이 생긴다. 그러나 내가 될 것 같으면 나는 특별한 것이 못되지만 그분이 하시니까 내가 특별한 것이 되는 것이다. 그것이 바로 성령 충만한 교사이다.

프로그램 하나라도 예수그리스도의 영, 성령을 주려고 할 때 그것이 특별한 프로그램이 되는 것이다. 그 외에 다른 특별한 것은 없다. 여기에 한가지를 추가한다면 어차피 주는 것이면 재미있게 하자는 것이다.

그런데 흥미와 재미만 주다 보니까 진정하게 주어야할 주가 빠져서 알맹이는 못 주고 껍데기만 주고 있다는 것이다.

기능들은 그토록 많이 연구되고, 발달되어 지고 있는데 어떻게 하면 그 알맹이를 줄 것인가 하는 것은 연구되어지지 않고 있다. 그래서 분반공부가 등한시 되어있고, 성경학교가 성경을 가르치지 않고 다른 것만 무성한 것이다.

　그래서 예수님께서는 열매 없이 잎만 무성한 무화과나무를 저주하셨다. 소문만 많고 가보면 별 볼일이 없고, 아무 것도 없다. 성령으로 충만한 것이 특별한 프로그램이고, 성령 충만한 교사가 특별한 교사이다. 예수가 우리 속에 임하고 예수가 우리 속에서 주장하면 그 사람이 특별한 사람이다. 그것 외에는 아무 것도 필요 없다.

　이 땅에서 필요한 것은 없다. 돈과 명예 같은 모든 것이 그것 때문에 필요한 것이다. 우리가 돈을 왜 버는가? 우리가 왜 공부를 하는가? 바로 예수를 잘 전하기 위해서이다. 그러니까 그 예수 때문에 미쳐야 한다. 예수 때문에 우리가 반하고, 빠지고, 미치고, 앉으나 서나 예수생각으로 가득 차야 한다. 이런 복음의 열정이 없으면 아무 것도 되지 않는다.

　그렇게 미쳐라. 세상적으로 미치지 말고 예수로 미쳐라. 그렇게 조금은 바보스럽게 비정상적으로 믿어야 하는 것이다. 우리는 논리적으로, 합리적으로, 이치적으로 따져서 안될 조건도 많고, 못할 조건도 많다. 될 조건을 찾지 못한다. 이것이 문제이다.

　하나님이 우리 인간들을 보시고 포기하셨다. 하나님이 우리를 흙으로 만드시고 그 코에 생기를 넣어서 생령이 되었는데 땅의 것들은 이상하게 땅에 소망이 있어서 매일 땅만 쳐다보고 다니고 땅의 것만 무성해서 하나님을 모르고 하늘의 소망을 두지 못한다.

　그래서 하나님은 인간을 포기하시고 하늘에서 직접 오셨는데 그분이

바로 예수 그리스도이다. 오셔서 우리를 대속해 주셨고 그분을 믿으면 우리는 땅의 사람이 아니고 하늘의 사람이 된다는 진리를 알려 주셨다.

이 진리를 깨닫지 못하면 특별 프로그램이 뭔지를 모르고 예수를 왜 믿어야 하는지, 내가 왜 분반 공부를 시켜야 하는 것인지, 왜 율동을 하는지, 왜 공동체 훈련을 하는지 전혀 모르고 방법과 기능과 훈련 그 자체만 가지고 아이들을 휘어잡으려고 한다.

그러나 그 당시는 잡히는 것 같고, 아이들이 나올 것 같지만 결국에는 나오지 않는다. 세상의 것을 주어서는 아이들이 나오지 않는다.

교회학교는 예수학교

어느 교회는 티셔츠 앞에 그림 도안 때문에 2주일을 고민한다고 한다. 정말 한심하다. 기도해야할 시간에 주와 객이 전도되어서 무엇을 위해 기도해야 할 줄을 모르는 것이다. 성경학교 준비위원회 위원장을 뽑는데 누가 되어야 하는가? 누가 총무가 되는가? 무슨 장이 그렇게 좋은지 그것만 하다가 끝이 난다. 매일 감투쓰다가 끝나니까 예수가 없는 것이다.

주인이 없는 교회학교를 운영한다. 그리고 교사들은 뭐 특별한 프로그램이 없을까? 기가 막힌 것이 없을까? 하고 찾아다닌다. 기가 막힌 것 찾지 말고 예수를 주라. 예수 안에 다 들어 있다. 그러면 아이들의 눈빛

과 생각과 모든 말이 변화된다.

예수를 주는 예수학교가 될 때 세계적으로 특별한 나라가 되고, 말씀 전하는 주의 종이 특별해지고, 교사들이 특별해져서 복음을 들고 세계로 나갈 수 있는 것이다.

내가 특별하니까 특별한 것이 나가는 것이다. 내가 하나님의 영을 받지 못하고 특별하지 못한데 무엇이 나가겠는가? 아무 것도 안 된다.

성경학교의 목표는 예수 사람 만드는 것이다. 많이 끌어 모으려고 하지 말고, 예수 사람을 만들려고 눈물로 기도하면 하나님이 많은 사람을 보내 주실 것이다. 받을 만한 그릇이 준비가 안되어져 있는데 어떻게 하나님이 축복하시겠는가? 기도는 하지 않고 재미있는 것, 맛있는 것만을 주려고 하니까 하나님이 맡겨봐야 별 볼일 없을 것 같아 맡기지 않으시는 것이다.

이상하게 성경말씀으로 가르치는 교회는 성장을 하지만 재미있는 것, 인간의 지혜와 지식으로 하는 교회는 성장이 안 된다. 이것은 통계적으로 나와있는 것이다. 성경 학교가 재미로만 하면 그때는 부흥이 되는 것 같지만 힘이 없어서 금방 쓰러진다. 그것은 한낱 종이짝에 불과하다.

그러나 정말 성경으로 가르치고, 변화시키고, 찬양으로 변화시키면 그 어린 심령들이 산다. 그들의 눈빛이 살고, 찬양이 살고, 기도가 살고, 말씀이 살아서 부흥하지 말라고 해도 부흥하고 말씀 듣는 시간을 너무

성장하는 교회는 성장할 짓만 한다

즐거워한다. 아이들이 찬송하는 것을 기뻐하고, 율동이 살아있다. 그것이 바로 특별한 것이다. 그 외에 아무 것도 없다.

특별 프로그램은 말씀학교

내가 인천에서 목회 할 때 아이들과 같이 인쇄해서 잘라 가면서 처음으로 달란트란 것을 만들어서 가르친 적이 있다. 그리고 어린이 교육 선교회에 가서 몇 번 강의 해줬더니 오늘날 모든 사람들이 사용하게 되었다. 나는 그것만하면 잘될 줄 알았다. 아이들이 성경말씀을 잊어버리면 아무렇지도 않게 생각한다. 그러나 달란트 한 장 잃어버리면 울고불고 난리가 난다.

엄마가 잘못해서 주머니에 있는 달란트를 빨아버리면 아이들이 난리가 나는 것이다. 그러니까 부모님들이 왜 쓸데없는 것은 만들어 가지고 아이들을 울게 만드냐고 말한다.

그때 나는 왜 그것이 필요 없느냐고 생명의 티켓이라고 말했다. 그때는 그것 때문에 아이들이 교회에 나오고 교회에 매달리게 되는 줄 알았다.

그런데 성경학교 때 그런 것만 하다 보니까 끝나고서는 나오질 않는다. 그래서 나는 하나님 나라 은행이라는 프로그램을 만들었다. 아이들이 성경학교를 처음에 올 때 주머니에 돈이 있다. 아이들이 돈이 있으면

교회에서 간식을 주는데도 옆에 가게에서 사먹는다. 아이들은 남들이 안 먹는 뭔가 특별한 것을 원하기 때문이다.

그래서 돈을 주머니에 넣고 성경공부는 안하고 거기에만 신경이 가있다. 이것을 잡을 수 있는 방법이 없을까? 라고 고민 끝에 하나님나라 은행을 만들기로 했다. 그리고 통장을 만들고 이름을 써서 도장도 찍어주고서는 마지막날에 찾아가기로 했다.

그렇게 하니까 좋은 것이 돈이 교회에 있으니까 아이들이 다른 교회를 안 간다는 것이었다. 물질이 있는 곳에 마음이 있다고 돈이 교회에 있으니까 그것이 아쉬워서 아이들이 새벽부터 나온다. 그리고 아이들에게 빠지면 돈을 깍는다고 엄포를 놓는다.

내가 그 프로그램을 만든 저의는 아이들을 잡아놓기 위해서였다. 올가미를 씌우는 것이다. 그리고 마지막날 끝나고 아이들에게 돈을 나누어주면서 성경학교를 은혜스럽게 끝마치게 해 주신 하나님께 감사헌금을 하자고 말한다. 그래서 아이들에게 헌금을 하게 만들고 성경학교 때 수고하신 선생님들 선물도 사주게 만들었다.

이렇게 은혜스럽게 하나님이 원하시는 방향으로 물질을 사용할 수 있도록 만드는 프로그램들이 우리의 머리나 우리의 지식으로 되어졌다면 그것은 특별한 것이 아니다. 그러나 같은 프로그램인데도 그 프로그램을 통해서 아이들에게 예수를 심어주려고 노력하면 효과가 180도 달라

지는 것이다.

율동시간에 율동 잘하는 것을 보여주려고 하기보다는 이 율동을 통해서 아이들에게 감동을 주려고 기도하고, 예수를 주려는 열정이 있으면 그렇게 어린아이들이 변화가 된다. 분반공부는 평범한 프로그램이 아니고 특별 프로그램 중에서도 특별 프로그램인데 그것을 주려고 기도하고 또 기도하고 준비해야 한다.

그렇게 준비하고 은혜 받은 교사들은 처음부터 말소리가 뜨지 않는다. 말소리가 뜨는 사람들은 아이들의 귀에 와서 말이 부서져 버린다. 무슨 말인지 모르고 울리는 꽹과리와 같다. 내가 강하니까 내가 나가고 차분해지지 못한다. 아이들이 떠들면 같이 소리가 높아져서 같이 소리를 지른다.

그런데 아이들이 떠들 때 오히려 조용히 말씀해 보라. 그러면 아이들은 무슨 소리인지 들으려고 귀를 종긋 세운다. 아이들 심리가 그렇다. 벌써 아마추어와 프로는 이렇게 차이가 나는 것이다. 예수님을 전하는데 프로가 된 교사는 벌써 아이들을 읽는다. 억양 자체도 성령이 역사하시는 대로 이끌려 가는 것이다.

그런데 이것을 못해서 아이들이 떠들면 큰소리 치고 또 큰소리 치니까 목이 다 쉰다. 나중에는 아이들을 못 가르치겠다고 나오는 것이다.

말로 가르치지 말고 말씀으로 가르치라

특별 프로그램은 복음학교

나의 실패한 경험을 들어보면 하얀 종이에 반 아이들 이름을 각각 쓰고 원으로 둘러앉아서 이름이 쓰여진 아이의 종이에 충고 같은 것을 써주는 프로그램을 한 적이 있다.

그렇게 쓰라고 아이들에게 시키고는 잠깐 밖에 나갔다 와서 아이들을 보니까 아이들 눈이 불긋불긋하고 뭔가 심상치 않은 분위기였다. 왜 그런지 알아봤더니 너무너무 충고를 잘해서 아이들의 심령의 골수를 쪼갠 것이다. 아이들이 이를 바득바득 간다. 종이를 보니까 별 이야기들이 다 써져 있었다.

이것을 하고 나니까 성경학교 삼박 사일 동안에 받았던 은혜를 모조리 까먹는 것이다. 그것은 시작부터 잘못된 것이고 복음이 아니었다. 예수를 주는 복음의 프로그램은 긍정적인 시각을 심어주는 것이다. 그러니까 내가 한 프로그램은 시작부터 비복음적이었던 것이다.

그러므로 특별 프로그램은 복음을 주는 것이다. 같은 프로그램을 할 때도 복음적으로 하려면 긍정적인 시각을 주어서 서로 칭찬할 수 있는 것을 써주라고 하는 것이다. 그래서 그때 내가 그것을 다 가져오라고 해서 하나님께 기도했던 기억이 난다. 아이들에게 일부러 더 크게 기도해주고 괜찮다고 위로도 해주었지만 아이들에게는 위로가 안되었다.

복음적인 것이 무엇인지 분간해서 프로그램을 하라. 프로그램의 종류

와 내용은 많다. 이것을 끌어들이는데 그 프로그램의 중심이 예수의 눈을 주고 예수를 주려고 하는 복음적인 것으로 바꾸라는 말이다.

어떤 사람들은 기도할 때 자신을 벌레 같다고 기도한다. 나는 그런 기도를 별로 좋아하지 않는다. 그런 기도를 하면 패배의식만 강해진다. 우리를 짓밟는 언어를 쓰지 말고 처음부터 나를 사랑하셔서 이렇게 하나님의 백성을 만들어 주심을 감사하다고 말하면 되는 것이다.

특별 프로그램은 바로 예수를 주는 프로그램이다. 예를 들어 전도지 하나를 만들 때도 백화점 광고하듯이 선착순 500명에게 티셔츠를 준다는 식으로 전도지를 만들어서 돌린다. 그러나 그런 전도지를 만들기보다는 '하나님이 생명의 말씀으로 여러분을 기다리고 있습니다.' 라는 문구를 넣는 편이 훨씬 낫다.

일단 나오게 해서 그들에게 말씀을 주면 되지 않느냐고 하는데 이것은 거룩한 사기죄이다. 그런 식으로 아이들을 유혹하지 말고 성령이 역사할 수 있도록 아이들에게 진실함을 주어야 한다. 우리의 생각으로 그들을 유혹하지 말고 하나님이 그들을 교회로 인도할 수 있도록 전도지를 만들라. 이것이 바로 특별한 전도지이다.

이제 성경학교를 위하여 전도를 하는데 계급장 전도를 하고, 탈쓰고, 북 치고, 장구 치고 전도를 해서 아이들이 모였다. 그러나 기껏 오게 해서는 찬양과 율동 몇 번하다가 말씀 전한다고 한다. 그러면 아이들이 굉

장히 싫어한다.

또 목사님, 전도사님, 부장선생님, 총무선생님들이 나와서 말을 많이 하고, 아이들이 왜 이렇게 떠드냐고 뭐라고 하면서 선생님들한테도 아이들을 어떻게 가르친거냐고 혼을 낸다. 그러니까 아이들이 성경학교가 지겨워서 빨리 끝났으면 하는 것이다.

이것은 시작부터 잘못된 것이다. 전도를 시킬 때 전도라고 하는 훈련을 가르치지 말고 우리가 왜 전도할 수밖에 없는지에 대한 당위성을 가르쳐 주라. 그래서 전도는 하는 것이 아니고 되어지는 것이다.

특별 프로그램은 믿음을 줌이다

믿음이 있다는 말은 죄를 이겼다는 말이다. '믿습니다'라는 말은 죄에서 해방되기를 원한다는 말이다. 율법의 안경으로 인간을 보면 인간은 모두 죄인이지만 믿음의 안경으로 인간을 보면 의로운 자가 되는 것이다. 죄인이란 믿음이 없는 자이다.

믿음으로 죄에서 해방됨이다. 롬14:23 "믿음으로 좇아 하지 않은 모든 것이 죄니라"고 말씀한다. 믿음이 없다는 것은 죄가 있다는 말이다. 믿음이 없는 사람은 아무리 소망에 대해서 말해 보아도 소용이 없다.

또한 믿음이 없는 죄인에게서 나오는 것이 시기요, 질투이다. 또한 저주요, 중상모략이다. 믿음이 없는 자들에게 아무리 예배의 중요성을 강

조해도 그들에게 신령한 예배는 없다. 하나님을 떠나고 싶고 기도하기도 싫고 예배드리기도 싫어진다. 하나님께 가까이 접근할 능력이 없다는 것이다.

그러나 믿음의 대상은 오직 예수이다. 죄인은 예수를 사랑할 수 없다. 예수님이 베드로에게 "먼저 네 이웃의 영혼을 사랑하라" 하지 아니하고 "네가 나를 사랑하느냐"했다. 주님을 사랑하는 자에게 사랑하는 영혼들을 사랑하라고 하신다. 예수가 믿음의 중심이요, 믿음의 목적이다.

죄인에게 하나님께 봉사하고 헌금하면 영원히 하늘창고 곡간에 쌓인다고 말하면 아마 사기친다고 할 것이다. 그러나 믿음으로 사는 것이 기쁘고 즐겁다. 영원한 생명을 사모하는 자의 범사는 믿음으로 말미암는다. 믿음이 없는 자는 믿음을 말할 수 없다.

요 3:12 "내가 땅의 일을 말하여도 너희가 믿지 아니하거든 하물며 하늘 일을 말하면 어떻게 믿겠느냐"했다. 믿음으로 사는 것이 죄를 이기는 생활이요, 죄에서 해방되는 생활이다.

이러한 믿음을 아이들에게 주라. 오직 믿음으로 구원받고 믿음으로 축복받는다.

12

신바람나는 교회학교

사도 바울이 고백하기를 나는 날마다 죽노라고, 나를 날마다 쳐서 복종시킨다고 하고 있다. 우리는 날마다 또다시 원위치이다.

개가 토한 것을 다시 먹듯이, 돼지가 구정물을 다시 찾듯이 아무리 은혜를 받는다고 해도 문밖을 나서면서부터 또 원위치가 되는 죄의 근본적 본성을 가지고 있다. 그런 죄성, 죄병에 걸린 우리 인간들이 그것을 끊지 않고는 하나님의 능력을 말할 수가 없는 것이다.

그것을 끊는 작업을 진정한 신앙훈련을 통해서 하고, 우리가 그런 모습을 어린 심령들에게 나타내 보이는 주인공들이 되어야 한다. 그러면 성장한다.

자꾸 깨워야 한다. 날마다 그들을 말씀으로 깨우고, 성령 충만함으로 깨우고, 그 속에 예수의 새 생명을 넣어서 그들을 계속 깨워야 한다. 자

꾸 죄의 본성으로 들어가려고 하는 그들을 깨우는 교회가 된다면 그것이 바로 복음적인 교회요, 교회성장의 밑거름이 되는 것이다.

체질을 바꾸라

이런 일을 감당하는데 누가 제일 필요한가? 바로 교사이다. 교회의 모든 문제는 어린이들이나 학생들에게 있는 것이 아니고 교사들에게 있고, 주의 종에게 있는 것이다. 주의 종이 잘못되면 교사가 잘못되고, 교사가 잘못되면 아이들이 잘못되게 되어있다. 한마디로 교회성장은 지도자의 책임이다.

나쁜 교사는 있어도 나쁜 학생은 없고, 나쁜 부모는 있어도 나쁜 자녀는 없다. 아이들은 부모와 교사, 윗사람을 본받는 것이다. 즉 가르치는 자의 문제이고 지도자의 책임이다.

처음부터 나쁘게 태어난 아이가 어디 있고, 학생이 어디 있겠는가? 우리가 잘못 가르쳤고, 잘못 교육했고, 잘못 본을 보여서 그렇게 된 것인데 우리는 아무런 책임이 없다고 청소년 문제, 어린이 문제를 놓고 어른들이 앉아서 토론을 한다.

그러나 토론하고 심리학적으로 분석하는 것보다 중요한 것은 우리가 신앙적으로 본을 보여야하는 것이다. 체질개선을 시키면 된다. 그러기 위해 가르치는 자부터 체질화 되라. 우리가 먼저 신앙적 본을 보여라.

말로 가르치지 말고 말씀으로 가르치라

첫 번째 기도의 본을 보이라. 기도하지 않고 하는 것이 바로 죄이다. 하나님을 믿지 않는 것이 죄인 것처럼 기도하지 않고서 하나님 일을 하겠다는 것이 죄인 것이다.

기도하지 않고서 하나님의 일을 하겠다는 사람은 그 자체가 교만이고 그것이 우리를 하나님의 일을 할 수 없는 사람으로 만든다. 아무리 똑똑한 자, 아무리 잘난 자, 하나님의 일을 충분히 감당할 수 있다고 자부하고 기도하지 않는 사람은 그것 때문에 안 된다.

그런데 능력이 없어도, 부족해도 기도하는 사람에게는 하나님께서 성령 충만하게 하시고 되게 하시는 것이다. 그래서 교사들은 먼저 기도해야 한다. 기도함을 통해서 하나님의 큰일을 감당하라. 행사를 준비하면서 목사님, 전도사님, 교사들이 모여서 정말 금식하며 새벽기도 한번 해보라. 그런 목사님, 전도사님, 교사들이 있는 교회는 부흥하지 말라고 고사를 지내도 부흥하게 되는 것이다.

그런데 우리는 아무런 기도도 없이 여기 가서 이것 배우고, 저기 가서 저것 배워서 무언가 하려고 하는데 거기에는 아무런 능력이 없다. 주님의 일은 배워서 하는 것이 아니고 은혜 받아서 하는 것이다. 내가 기도하고 은혜 받으면 하나님께서 지혜도 주시고, 명철함도 주시고, 어린 심령도 보내주시는 것이다.

더러운 사람은 더러운 것만 눈에 보이지 않는가? 은혜 받은 교사 밑

에는 은혜 받은 아이들이 모이고, 은혜 받은 목사 밑에는 은혜 받은 성도가 모이고, 기도하는 목사 밑에는 기도하는 사람들만 모인다. 즉 끼리끼리 모인다. 우리가 금식하면서 기도하면 우리의 생애에 있어 전무후무한, 지금까지 체험하지 못한 하나님의 역사를 맛보게 될 것이다.

지금까지 하던 기도보다 더욱 구체적으로 기도하라. 그러면 변화될 것이다. 우리의 태도와 자세를 바꿔야 한다. 우리의 마음심령을 바꿔야 태도와 자세가 바뀌어 진다. 긍정적으로 항상 웃으라.

나는 열이 많은 사람이다. 믿음이 있는 사람들은 열정적으로 가슴에서 불이 일어나야 한다. 불쌍한 사람들을 보면 같이 울어주고 불의를 보면 참지 못하는 그런 열정이 있어야 한다. 밤이 새도록 무릎꿇어 기도하는 그런 열정이 있으면 분명히 하나님이 역사 하실 것이다.

죄가 많은 곳에 은혜가 많듯이 배고픈 사람들에게 은혜가 많은 것이다. 설교할 때도 밥을 안 먹고 배가 고플 때 하나님께 더 간절히 부르짖게 된다. 믿음의 열정을 가지고 하라.

재주 부리지 말고 예수를 부려라.

교회학교는 재주를 부리는 곳이 아니다. 또 이 강사 저 강사들을 초빙해서 강사들 잔치가 되게 하지 말라. 그리고서는 교사들은 뒷전에 앉아서 바보가 된다.

말로 가르치지 말고 말씀으로 가르치라

이렇게 다른 강사들이 다 하고 가면 어린아이들이 우리교회 선생님들은 무능력하다고 느끼게 된다. 부흥하지 못하는 교회는 늘 일사분란하지 못하다. 못해도 직접 감당하는 것이 좋다. 못해도 우리의 것을 보여주라.

그런데 많은 사람들이 그렇게 하지 못한다. 하나님은 위대하시기 때문에 부족한 우리를 통해서 하나님은 쓰시고 역사 하신다. 하나님은 다재다능한 사람을 쓰시지 않으시고 하나님의 은혜 받은 자, 하나님 손에 붙잡힌 자를 사용하신다는 사실이다. 복음의 빚진 자 되어 복음을 전하라.

잠실에 있는 교회를 목회하고 있을 때 나는 야구를 관람하기 위해서 잠실 경기장으로 가는 많은 사람들을 보면서 너무너무 답답했다. 그들의 발걸음을 우리 교회로 옮겨달라고 소리치기도 했다. 그러나 많은 사람을 바라보지 말고 한사람을 바라보아야 한다.

하나님께서는 한 사람을 찾으셨다. 어린 심령 하나, 중고등부 학생 하나, 한 성도에게 초점을 맞추면 그 교회는 성장한다. 목사님이 다 할 수가 없다. 그래서 조직을 짜고, 교사를 짜고, 구역을 짜서 위임하는 것이다. 위임할 줄 아는 운영방법을 짜라.

교사를 세분화시키면서 교사들이 한 사람, 한 사람을 조직화시키고 그 심령을 위해 울면서 기도가 되어야 한다. 한 사람에게 최선을 다할

때 그 한 심령을 통해서 하나님이 역사 하신다. 그런데 한 사람에게 소홀할 때 하나님은 많은 것을 주지 않는다.

이렇게 바로 세포분열과 같은 원리로 교회는 성장한다. 우리 반에 한 아이가 실족하고 있는데 너무나 말썽을 피우고 말을 안 듣는, 상종하기도 싫은 아이가 있을 때 그 어린아이를 무시하면 그 반은 되어지지 않는다.

한 반에 한 명씩은 문제아가 있고, 가정에서도 문제가 있는 자녀는 꼭 있다. 교회에서 가장 문제 있는 사람이 변화되면 된다. 그러나 하나님이 축복의 문을 열어 주실 때 축복의 열쇠는 그 문제 있는 사람에게 있다.

그런데 그런 성도를 무시하는 목사님, 그런 어린아이를 무시하는 교사는 거기에서 부딪히고 한계에 이르게 된다. 문제 있는 사람을 위해서 기도하고 그 사람을 변화시키려고 하면 그 문제 있는 사람을 통해서 목회자나 교사들 자신이 변화되면서 성장이 되어진다.

우리 안에 있는 99마리의 양을 위해서만 목회를 하는 것이 아니라 우리 밖에 있는 한 마리의 양을 찾는 예수님의 모습으로 이번 교회학교를 감당하라.

그 동안 교회에 등록했던 아이들에게 성경학교 하기 한달 전부터 편지도 보내고, 찾아가도 보고, 명단을 놓고 기도하라. 그렇게 하고 시작하

기 한 주전쯤 그 아이에게 전화해 보라. 그러면 우리는 기도만 했을 뿐인데 하나님께서 그 어린 심령의 마음과 부모님의 마음을 움직이셔서 교회 나올 수 있게 만들어 놓으신 것을 발견할 수 있을 것이다. 기도는 과학이다.

그러면 우리의 입에서 하나님은 정말 놀라운 분, 기적적인 분이라는 고백이 되어질 것이다. 이것이 우리가 할 수 있는 최선의 방법이다. 그래야 그 어린아이들이 실족하지 않는다. 100명이 들어가면 꽉 찰 교회인데도 목사님이 전도사님에게 성경학교 목표가 몇 명이냐고 물어봤을 때 이를 꽉 물고 500명을 하겠다고 말한다. 그러나 막상 500명이 왔을 때 어떻게 지도하겠는가? 우리는 너무나 추상적으로 목표만 잡아놓고 아무런 대책이 없는 경우가 많다.

오히려 구체적으로 안 나왔던 명단을 들어서 기도하고, 통계적으로 어린이 한 명이 최대한 전도할 수 있는 인원이 6명이라는데 직접 조사해서 목표를 세워야 한다.

그리고 아이들이 전도할 수 있는 사람의 명단을 아이들에게 작성하라고 하고 선생님이 그 명단을 받아서 기도하라. 그럼 3명이 나오는 반은 최대 16명까지 나올 수 있는 반이 되는 것이다.

인원 목표를 짤 때 위에서부터 몇 명이라고 짜지 말고 밑에서부터 명단 올라온 것을 가지고 위로 올라가면서 명수가 나오게 만들어야 한다.

신바람나는 교회학교

이것이 올바른 성장이다. 무작정 목표를 세워서 끼워 맞추지 말라. 기도하면서 안나오는 어린아이를 찾아야 한다.

교인을 뺏지 말고 불신자를 찾아라

그런데 문제없는, 다른 교회에 잘 나가고 있는 아이들을 붙잡아 놓고 그 교회보다 우리교회가 좋다고, 우리교회는 더 좋은 것을 준다고 선전을 하니까 교회가 상품화되어 가고 있는 것이다.

이런 문제 때문에 목사님들끼리 싸우시는 것도 본 일이 있다. 그래서 서로 적대관계가 되고 싸우는 교회도 없지 않아 있다. 같은 동네에 있는 이웃 교회는 모두 적대 관계를 가지고 있는 것이 우리의 현실이다.

내가 아이들 재적이 2000명되는 교회에 교육목사로 있을 때 전도사 15명을 주일 아침에 모아놓고 오늘 누가 새로 올지 말해보라고 이야기를 했다. 그러면 전도사님들이 우리가 무슨 점쟁이냐고 그걸 어떻게 아느냐고 말한다.

그때 나는 그 분들에게 '여러분이 누가 새로 나올지를 모른다면 그것은 감나무에서 감 떨어지기를 바라는 것입니다.'라고 이야기를 한 적이 있다. 어린 심령, 중고등부, 장년이라 할지라도 일주일동안 전도가 되어져야 하는 것이다.

예를 들어 어떤 집사님이 한 사람을 전도해서 확답을 받았다면 그런 사람을 주일 아침에 명단에 올리는 것이다. 그 사람이 왔기 때문에 올리는 것이 아니고 기도한 것은 받은 줄로 믿고 주일 아침에 기다려야 하는 것이다.

그 주일에 몇 명이 나올지 미리 파악이 되어져야 한다. 그래서 주일 아침에 기다렸다가 그 학생이 오면 반갑게 맞아주어야지 기다리고 있지도 않다가 학생이 오면 신기한 동물 보듯이 하면 아이들이 기분이 나쁜 것이다.

방법을 바꾸라. 바꿀 수 있는 작업은 기도밖에 없다. 어린아이를 놓고 기도하는데 확신이 오면 그 아이에게 가서 확실하게 전하고 다음주에 꼭 나오라고 말하고 기다린다. 아이가 혹시 안 왔으면 전화해서 선생님이 기다렸는데 왜 안 왔느냐고 다음주에 또 기다릴 테니까 오라고 조금씩 접근해 보라. 그렇게 한 사람, 두 사람이 모여서 성장이 되는 것이다.

그런데 우리는 갑자기 성장하기를 원하고 무엇인가 신비하고, 이상한 것을 자꾸 바라니까 왔다가 실망하고 그냥 가버리는 것이 아닌가? 우리는 이런 모임에서 벗어나서 어린 한 심령에게 초점을 맞추고 하나님의 큰일을 감당해 나가야 한다.

우리 주님은 그러한 사명자를 찾으신다. 사명자는 결코 실망하지 않는다. 어떤 교사가 18명을 위해서 기도했는데 나오던 3명도 안나오고 2명만 나왔다고 한다. 그러나 실망하지 말라. 하나님은 최선을 다할 때

그것을 받으시는 것이다. 하나님은 최고가 되는 사람을 원하는 게 아니다. 최선을 다하는 자를 원하신다.

내가 아는 어느 목사님은 우도에서 30명을 데리고 목회를 하시는데 처음에는 조그만 창고에서 개척을 하셨다고 한다. 다 나와야 40명밖에 안되는 그 지역에서 80%의 복음을 전파하신 것이다.

나는 그분을 보고 존경심이 들었다. 서울에서 1200만 명을 놓고 목회하는 것과 그 지역에서 30명을 놓고 목회하는 것은 차원이 다른 것이다. 그 목사님은 최고가 되는 것이 목적이 아니고 최선을 다하는 것이었다.

최선을 다해서 기도로, 무릎으로 감당하라. 그래야 하나님께서 영광 받으신다. 그렇게 최선을 다했노라고 주님 앞에 고백하라. 하나님은 그런 사람을 찾으신다.

사명자의 가슴으로 하라

역사의 수레바퀴 속에서 하나님의 사명자가 되어 하늘나라의 큰일을 감당하라. 사명자는 생각부터가 다르다.

차를 몰고 가다가보면 차가 막히는 곳에서 아이스크림, 오징어 같은 것을 파는 사람이 있다. 그런 사람들을 가만히 보면 사명감이 있는 사람과 없는 사람이 차이가 난다.

사명감이 없는 사람들은 그 자리에 가만히 서서 장갑도 안 낀 더러운

손으로 봉지에 싸지도 않은 오징어를 들고 무뚝뚝하게 서있다. 그러나 돈 버는 일에 사명감을 가진 사람은 하얀 장갑을 끼고 오징어를 싸서 웃고, 흔들어가며 오징어를 판다.

오징어 한 마리를 파는데 있어서도 사명감이 있는 사람과 없는 사람은 엄청난 차이가 있다. 교사를 감당함에 있어서도 다르다. 사명감이 있는 교사는 아이들이 오면 그 아이를 얼싸 안고 예쁘다고 칭찬해주면서 반기는데 사명감이 없는 교사는 아이들이 와서 인사하면 받는 둥, 마는 둥 하고 분반 공부할 때도 대충 모아 놓고서 대충대충 가르친다.

교사 회의할 때도 교사들이 모여서 다른 것 할 필요가 없다. 무릎을 꿇고 가슴에 손을 모아 찬양을 부르고 잘 가르치게 해달라고 통성으로 기도를 한다. 그렇게 5분만 기도하고 나면 세상에서 찌들었던 것이 눈물을 흘리면서 싹 사라지고 아이들이 오면 반갑게 맞아주게 된다. 그렇게 교사들이 변하니까 아이들의 상태도 변화되는 것을 발견했다.

그러나 우리는 확신에 찬 하나님의 말씀, 전지전능하신 그 분을 전하면서 왜 확신에 차있지 못하는가? 기도하지 않기 때문이다. 눈빛을 바꾸라. 그 눈에 확신을 담으라. 걸을 때도 당당하게 걸으라. 눈과 코와 귀가 앞으로 되어 있는 것은 앞을 향해서, 하늘을 향해서 걸어가라는 뜻이다.

그래서 하나님을 향해 호소하고 기도하고, 간구하니까 확신이 오고 믿음이 생겨서 교회학교 때 아이들 앞에서 말씀을 전할 때 아이들이 은

혜를 받는 것이다. 기도의 방법밖에 없다. 아이들 앞에서 특히 설교를 못하시는 담임목사님들도 있다.

그러면 전도사님이나 교사들이 아이들이 좋아하는 자료나 이야기 같은 것을 준비해서 가져다 드려야지 목사님이 그 앞에서 땀을 뻘뻘 흘리고 당황해 하는 모습을 보고서 교회 나가기 싫어할 수도 있다. 성경학교나 교회행사를 의례적으로 치루지 말고 하나의 연장선에서 아이들에게 무언가 충격을 주는 것으로 사용하라.

성경학교와 같이 특별한 행사가 있을 때도 교사는 기존의 교사가 좋다. 기존의 교사가 휴가가 안 돼서 불가불 참석하지 못할 수도 있는데 그럴 때는 기존의 교사가 주일 오후까지는 나올 수 있으니까 오후에 새로 임명받은 교사와 함께 참석해서 어린아이들에게 알아듣도록 설명을 해야 한다. 어린아이들을 인격화시켜서 알아듣도록 해야 하는 것이다.

우리는 어린아이들을 무시해서 말도 하지 않고 김선생님이 하다가 성경학교 때 갑자기 박선생님이 가르친다. 그리고는 아이들이 말 잘 듣기를 원하지만 아이들은 따르지 않는다.

그러나 기존의 선생님이 아이들에게 어떠어떠해서 못 가르치게 되었으니까 새로운 선생님 말씀 잘 듣고 따르라고 말해주면서 인수인계를 해주면 별 무리가 없는 것이다.

조직을 짤 때는 전교사가 다 참석할 수 있도록 하고 한 사람도 그냥

구경꾼의 자리가 아닌 참석하는 자리로 이끌라. 자꾸 외부 강사를 초빙하는 것보다 한달 전부터라도 선생님들에게 맡겨보라.

예를 들어 율동을 짠다고 하면 잘하는 선생님 옆에 못하는 남자선생님을 세운다. 그러면 남자선생님의 실수를 보면서 벌써 분위기가 살아나게 된다. 왜냐하면 아이들은 만화같은 것을 봐도 실수하는 것을 보고 너무 너무 재미있어 하기 때문이다. 선생님들이 실수도 하고 못하는 모습도 보여 주어야지 너무 완벽하게 하면 아이들이 별로 재미있어 하지 않는다.

실수가 많은 선생님 밑에 아이들이 많이 모인다. 너무 완벽하고, 일사불난하게 하는 선생님들에게는 너무 자신의 모습만을 보여주려 하기 때문에 잘 안 모이는 것이다.

예배에 성공하라

예배에 성공하라. 교회는 예배에 성공해야 한다. 우리는 주일 예배 한번을 위해서 일주일을 소비하는 것이다. 주일예배를 위해서 한 주간 동안 기도하고 심방하고 교회에 나오게 하는 것이다.

그럼 성경학교는 어떻게 해야 하는가? 성경학교도 예배에 성공해야 한다. 예배에 성공하지 않으면 성경학교는 아무런 필요가 없다. 개교예배부터 시작해서 모든 예배를 은혜스럽게 성공해야 한다. 모든 사람들

이 예배를 소홀히 여겨서 예배는 간단하게 보고 다른 것을 하려고 하는데 예배는 보는 것이 아니고 드리는 것이다.

신령과 진정으로 하나님 앞에 예배를 드리면서 예배를 갱신하라. 한 가지 더 지적하자면 새벽에 모여서 기도를 할 때도 기도하는 방법은 가르쳐 주지 않고 잠깐동안 묵상으로 기도하라고 하고 예배 시작을 알리는 종을 치는 경우가 많다. 그러면 아이들이 기도가 되지 않는다.

아이들이 얼마나 기도를 잘 하는 줄 아는가? 그들 안에도 성령이 불같이 역사한다. 새벽기도 때 무릎꿇게 하고 통성으로 기도를 시켜보라. 심령이 뒤집어 지면서 엄청나게 기도하고 울면서 자기 죄를 고백한다. 그리고 아이들은 방언도 금방 받는다.

그런 아이들에게 30초만 묵상으로 기도를 시킨다면 아이들은 기도도 하지 않고 시간만 재고 있다. 너무나 좋은 새벽시간을 잘 선용해야 한다. 이런 교회는 아이들이 기도하는 형식만 갖추어도 하나님은 역사하실 것이다.

기도 안하고도 교회가 성장할 수 있다. 기도 안하고도 사업에 성공할 수 있다. 그러나 그 교회나 그 사람은 기도 안 하는 그것 때문에 교만해져서 쓰러진다. 그런데 잘 안되어도 기도하는 사람들은 점차적으로 하나님께서 세워 가신다. 기도로 하나님의 일을 감당하라.

13

당신이 지도자가 되라

성경에 '저녁이 되며 아침이 되니'라는 말이 있다. 신앙은 저녁에서 아침으로의 신앙이다. 우리는 아침에서 저녁이지만 신앙은 저녁에서 아침으로라는 말이다. 아침에서 저녁이라는 말은 삶에서 죽음으로의 뜻이지만 우리는 죽음에서 삶으로 죽음에서 부활이라는 것이 기독교 교육의 핵심이다.

그렇다면 리더는 무엇인가? 어둠에서 밝음으로, 절망에서 소망으로, 슬픔을 기쁨으로 바꾸는 사람, 남이 안 하고 싶어하고, 남이 안 가고 싶어하는 것을 하게 만드는 것이 리더이다. 이런 사람을 리더십이 있다고 말한다.

어떤 사람은 리더라고 하면 위에 있는 대통령이나 국회의원, 정치가와 같은 사람들만을 생각하는데 그것을 잘못이다. 리더십이란 것은 낮

은 자나 높은 자나 누구에게나 있어야 한다.

리더는 상대방에게 감동을 주는 것이 리더이다. 목사가 목회를 하는데 어떤 한 성도가 목사에게 기도할 수 있는 기도의 본을 보여서 목사에게 감동을 준다고 하면 그 사람은 목사에게 리더자가 되는 것이다.

어떤 어린아이 하나가 선생님을 감동시킨다고 하면 그 아이는 리더자가 된다. 리더자는 위에만 있는 것이 아니고 아래에도 있다. 위에만 있다고 생각하기 때문에 나와는 상관없다고 생각한다.

교사란 떠드는 어린아이를 떠들지 않게 하는 것이 교사이다. 그렇게 할 수 있는 능력있는 사람이 리더이다. 그러나 우리는 리더십이 없는 것을 탓하지 않고 떠드는 어린아이만 탓을 한다. 이것이 악순환이다.

키가 작은아이가 난 왜 이렇게 키가 작느냐고 불평을 할 때 우리가 아무리 위로하고 격려하려고 해도 그 아이 속에 있는 열등감은 사라지지 않는다. 이때 리더자는 있는 그것을 바라보게 하지 않고 안 보이는 하나님을 바라보게 하면서 자기 자신을 승화시켜 나가게 해야 하는 것이다.

지도자는 만들어진다.

지도자는 태어나는 것이 아니고 만들어 가는 것이다. 어떤 사람은 지도자는 태어날 때부터 타고 나야한다고 말하는데 그것은 잘못된 생각이

다. 반드시 지도자는 훈련으로 만들어지는 것이다. 자기에게 부족하고, 잘못된 것을 이렇게 저렇게 다듬어 가다 보면 군살은 빠지고 아름다운 균형을 가진 지도자가 되는 것이다. 지도자는 만들어지는 것이므로 우리 모두가 다 지도자가 될 수 있다.

리더십을 가져야 어린아이들을 잘 지도할 수 있는 것이다. 그런데 리더십은 타고나는 것이라고 한다면 지도자는 운명 지어졌기 때문에 누구는 태어날 때부터 지도자고, 누구는 태어날 때부터 지도자가 아니라고 말하게 된다. 그러면 우리 인생은 완전히 자포자기하게 된다. 그러므로 지도자는 결정지어진 것이 아니라 만들어지는 것이다.

지도자중에 지도자의 본을 가장 잘 보여 주신 분이 누구신가? 바로 예수 그리스도이다. 지도자는 비젼이 있어야 한다. 비젼이 무엇인가? 우리가 나아갈 길이다.

지도자는 과거에 살지 않는다. 미래에 살고, 오늘에 산다. 오늘에 충성되게 살면 미래가 보장되어 있다. 어떤 사람은 미래만 바라보고 걱정을 하는데 지도자는 그렇지 않다. 산이 있고 정상이 있다.

내가 군대에 있을 때 완전무장을 하고 산악행군을 하는 도중 다리에서 경련이 일어났다. 경련이 일어날 때마다 산 정상을 바라보면서 저걸 어떻게 올라가나 하고 걱정부터 앞서니까 더 좌절이 오고 절망이 오는 것이었다. 우리 인생들이 다 이렇게 산다. 사람들은 어떻게 저길 올라가

나? 나는 언제 저런 사람이 되나? 라고 계속 고민만 하고 있다.

나도 원래는 굉장히 속도 좁고, 소극적이고, 내성적인 사람이었다. 그리고는 그런 좁은 마음을 가지고 큰 사람들을 보면서 나는 어떻게 저런 사람이 될까? 라고 고민만 했다. 우리가 걱정한다고 키가 한자나 더 자라게 할 수 없다. 걱정은 걱정을 낳고 문제는 문제를 낳았지 이것으로 해결할 수 없는 것이다. 그런데 정상을 바라보지 않고, 예수를 바라보면서 오늘에 충성하니까 그 탑(TOP)에 이미 올라간 사람과 똑같았다.

산악행군을 하는데 너무 힘들었다. 다른 사람들은 체력이 좋아서 막 올라가는데 나는 경련이 일어나고 무척 힘들었다. 그때 하나님께 기도했다. 그러자 하나님께서 '무얼 걱정하느냐? 오늘에 충성하라는 말이 있지 않느냐. 네가 한발자국 내딛는 것에 최선을 다하면 된다. 네가 정상을 바라보면 할 수 없지만 바로 앞에 있는 한발자국만 바라보아라. 그 한발자국도 못 내딛겠느냐?' 하며 음성을 들려 주셨다. 그것이 바로 진리였다.

내가 한발자국, 한발자국 나가다 보니까 나도 모르는 사이에 정상에 올라가 있었다. 나보고 다른 사람들은 체력이 좋다고 말한다. 그러나 체력이 아니고 믿음이 좋았던 것이다.

정상을 바라보면 우리는 못 올라간다. 현실에 충실하라. 그러면 우리 모두가 훌륭하고 위대하고 능력있는 사람이 될 줄 믿는다. 비젼이 있어

야 한다. 비젼을 이루는 과정 속에서 우리에게 주어진 한순간순간을 충
성해야 한다.

누가 지도자인가?

나도 지금 담임목회를 하고 있지만 교회가 작은 것, 큰 것을 바라보면
실망한다. 그러나 비젼을 놓고 내게 주어진 한성도, 한 성도를 위해서
기도하고 최선을 다할 때 나도 모르는 사이에 성장하는 역사가 일어나
는 것이다. 정상만 바라보는 사람은 못 올라갈 나무만 바라보는 격이고,
못 먹을 감 찔러나 보는 심보가 나오고 제대로 마음속에 기쁨이 생기지
않는다.

나는 나 자신을 굉장히 사랑한다. 또한 내 자신이 하는 일에 대해서
대단히 만족하면서 살고 있다. 다시 태어나도 나는 목사가 되고 싶은 사
람이다. 나는 우리교회 모든 남성도들에게 모두 목사가 되라고 말하고,
여성도들은 사모가 되든지 전도사가 되라고 말한다.

세상에 할 것이 뭐 있는가? 전철을 타고, 전철 안에 앉아 있는 사람들
을 볼 때마다 지옥이 따로 없다는 생각이 든다. 갖은 인상을 다 쓰고 기
쁨이 없고 소망이 없다. 그러나 하나님의 일을 하면 돈이 생겨서가 아니
고 아무 것 없어도 마음에 기쁨이 있고 충만이 있다. 남이 알지 못하는
기쁨으로 살아가는 것이다.

당신이 지도자가 되라

　지도자가 비젼을 가지고 그 순간에 충성할 때 내일 일을 염려하지 말고, 한날의 일은 그날에 족하다는 믿음으로 살아가야 한다. 그의 나라와 그의 의를 구할 때 이 모든 것을 더한다는 말씀은 비젼을 갖고 있으면 하나님이 우리의 삶을 그렇게 이루어 가신다는 말씀이다. 우유를 넣은 곰탕과 정말 고아서 나온 곰탕이 색깔은 같은지 모른다. 그러나 맛은 다른 것이다. 오이하고 오이지하고는 전혀 다른 것과 마찬가지로 뭔가 익어져서 나와야 한다.

　그러면 우리는 어떤 교사가 되어야 하나? 예수에 절어야 한다. 그런데 우리는 예수 흉내만 내고 있다. 강습회에 가서 배워서 아이들에게 가르치고 나면 한달 뒤면 보여줄게 없다. 그러나 예수로 절은 사람은 그 밑천이 무궁무진하다. 성경 가지고 설교를 삼 년 동안 하다보니까 할 설교가 없어서 재탕하고 있다고 말하는 목사님도 본적이 있다.

　그런데 어떤 목사님은 창세기에서부터 요한계시록 끝까지 설교를 하려고 창세기 1장부터 설교를 하는데 삼 년이 지나도 창세기 12장을 설교하고 있다고 고백한다. 예수로 절면 무궁무진한 source가 나온다. 그러나 예수를 흉내만 내면 몇 마디 주고 나면 줄 것이 없다. 오직 예수로 큰 비젼을 삼고 살아야 한다.

　그럼 지도자란 어떤 자인가? 첫째, 비젼이 있는 자이다. 성경에 보면 비젼의 사람 요셉이 있다. 요셉은 꿈의 사람, 비젼의 사람이었다. 그런데

요셉에게는 이룰 수 없는 꿈이 있었다.

요셉의 비젼은 꿈에서부터 시작된다. 해와 달이 절을 하고 열 두단이 절을 하는 꿈을 꾸자 형들의 미움을 사고 결국에는 팔려가서 보디발 장군의 종이 되었는데 나중에는 총리가 되는 역사가 일어난다.

인생에는 많은 어려움이 있다. 그래서 인생은 파도와 같다 한다. 성경에도 보면 제자들이 바다를 건너가다가 폭풍을 만난다. 그것을 폭풍을 잠잠케 하신 예수라고 해석해도 되지만 그 폭풍이라는 것은 인생의 어려움이다. 그 어려움이 올 때 예수를 바라보아야 한다는 것을 말씀하고 계신 것이다. 그럴 때 우리의 현실이 해결된다는 것이다. 그것이 바로 비젼이다.

요셉이 그러한 파도가 밀려올 때 이것은 하나님이 나의 꿈, 비젼을 이루어 가기 위한 과정이라고 믿고 그 믿음으로 나감으로 승리할 수 있었다는 것이다.

우리가 살면서 문제가 없는 것이 아니다. 문제도 있고 걱정거리, 고민거리는 다 있다. 그 문제를 해결하시는 해결자 되시는 예수를 바라보고 잘 되어 가는 과정에 있다고 생각하라. 지금은 현실적으로 잘 안되어진다 할지라도 비젼을 가진 지도자답게 믿음으로 밀고 나가라.

둘째로, 지도자는 창의력이 있어야 한다. 기도하면 항상 창의력이 자꾸 떠올라야 한다. 그러나 우리는 고정관념에 얽매여 있어서 그것 이외

에는 아무 것도 할 수 없다. 그래서 창의력이 없어서 남들이 해 놓은 것 가지고 따라하는 사람들이 많다.

교사는 반 어린아이들을 창의력을 가지고 가르쳐야 한다. 그러면 그 어린아이들이 변화가 된다. 우리 선생님이 기발한 아이디어가 있다고 좋아한다. 그 아이디어는 세상적으로 나오는 것이 아니고 하나님이 주신 지도력에서 나온 아이디어인 것이다.

꿈과 비젼을 가지고 미래를 향해 세대를 움직여 나가는 믿음의 창의력을 가져라. 하나님께서는 우리에게 창의적인 능력을 주시고자 하신다. 하나님이 우리를 사랑하시기 때문에 우리는 위대한 가치를 가지고 있다.

그리스도께서 우리를 위해 십자가에 못 박혀 돌아가실 정도로 우리는 엄청난 존재이다. 항상 이런 믿음의 배짱과 창의력을 가지고 세계가 내 손에 있다라는 생각으로 사는 자가 진정한 리더자이다.

요한 네슬레는 '세계는 나의 교구다'라고 선포하고 감리교를 창시해서 세계를 변화시켰다. 그런 믿음의 고백, 믿음의 창의력, 비젼을 가지고 나가라.

지도자라고 해서 큰 이야기만 해서는 안 된다. 큰말만 하는 것이 비젼이 아니고 어린 심령 하나를 어떻게 하면 변화시킬까? 우리 반을 어떻게 조직화시켜 나가고, 어떤 모습으로 이끌어 나갈까? 하는 나름대로의

목회 방향이 있는 사람, 그 사람이 바로 비젼이 있는 사람인 것이다. 그것을 위해 기도해 보라. 하나님께서 창의력을 주실 것이다.

이런 작은 것부터 하라는 것이지 지금 세계를 논하며 횡설수설하라는 말이 아니다. 목회자는 다져져야 한다. 조직이 있고, 행정이 있고, 기도가 있고, 영력이 있어야 한다. 교사도 바로 이런 모습이 되어야 한다. 교사들이 아이들에게 과자 하나 주면서 다음주에 나오게 하는 것은 잘못된 것이다. 그 어린 심령을 놓고 기도하라.

셋째, 지도자는 집착력이 있어야 한다. 한 우물을 파야 한다. 그러면 그곳에서 물이 나오게 되고 끝까지 파는 우물은 바닥의 반석에서 생수가 나오게 된다. 그러나 그냥 조금 파서 갑자기 나오는 물은 흙탕물 밖에 되지 않는다. 집착력을 가지고 한가지 일에 최선을 다하라.

또한 한번 교사가 되었다면 평생 교사의 직분을 감당하겠다는 일념으로 일하라. 어떤 사람은 교사하다가 재미없으면 성가대하겠다고 하고 성가대 하다가 재미없으면 다른 일을 찾는다.

이런 사람들은 어떤 일이 주어져도 자꾸 바꾸려고만 한다. 그렇게 되면 자신의 전공이 없게 되고, 이쪽에 가도 치이고 저쪽에 가도 치여서 자신이 설 곳이 없게 된다. 목회자가 사업에 신경을 쓰고, 세상일에 신경을 쓰면 목회가 성공할 수 없는 것과 마찬가지다.

교사가 되었으면 교사로서의 길을 가라. 이것 저것 하다가 이것도 못

하게 되고 저것도 못하게 되면 안 된다. 말 한마디를 하더라도 여기서 이 말하고 저기서 저 말하는 행동을 하지 말고 한 말만 하라.

넷째, 지도자는 의사소통이 되어져야 한다. 귀는 두 개이고 입은 하나라는 사실을 기억하기 바란다. 무슨 말인가? 많이 들어주라는 말이다. 설교를 들을 때도 말씀에 아멘으로 화답하면서 의사소통이 되는 사람은 지도자의 자격이 있는 자이다. 그러나 다리를 꼬고 앉아서 좋지 않은 마음가짐으로 말씀을 듣는 사람은 지도자의 자격이 없는 사람인 것이다.

다섯째, 지도자는 남이 잘하면 잘한다고 인정할 줄 알아야 한다. 남이 잘나서 속으로는 배가 아프다 할 지라도 그래도 그 사람을 인정하고 칭찬하면 상대방이 그를 좋게 볼 것이다. 속에 있는 것을 얼굴로 바로 표현하지 말라. 인정도 하지 않고 부인도 하지 않는 불확실한 태도보다는 상대방이 잘나서 우리의 심령이 너무너무 안 좋을 지라도 칭찬을 많이 해주면 우리는 올라가게 되는 것이다.

성경에도 남을 높이면 내가 높아지고 남을 깎아내리면 자신도 깎여내려간다는 말씀이 있다. 모든 것이 내가 제일이라고 하는 사람은 리더십이 없는 사람이다. 그렇기 때문에 자꾸 상대방의 이야기를 들어주어야 한다. 눈으로 귀로 입으로 몸으로 상대방의 말을 들어주라.

상담을 할 때도 상담하는 사람의 이야기를 건성으로 대강 들어주면 상담자는 자신의 이야기를 하지 못한다. 그러나 마주 앉아서 호응을 해

주고 같이 울어주면서 이야기를 들어주면 그 사람 마음속에 있는 말이 다 나오게 되는 것이다. 많이 들어주고 많이 공감해 주는 것이 지도자의 역할이다.

아이들이 선생님에게 와서 울먹이며 말을 시작할 때 '똑바로 말해. 울긴 왜 울어.'라고 윽박지르기보다는 아이들 표정이 안 좋을 때 먼저 가서 물어보고 위로해주고 인정해주는 것이 좋다. 아이들이 떠드는 것은 이유가 있어서인데 떠드는 것에 초점을 맞추고 뭐라고 한다. 떠들 때는 왜 떠드는지를 인정해 주라.

여섯째, 지도자는 가슴속에 긍정적인 열정이 있어야 한다. 남이 잘못되어도 좋은 쪽으로 볼 줄 알아야 한다. 절대로 지도자는 긍정적 열정이 있어야 하고 의사소통의 개발이 있어야 한다. 생각하는 것과 다르다고 해도 받아 들이라. 상대방이 말할 때 끊고서 자신의 생각을 말하지 말라. 그러면 의사소통이 되지 않는다.

어린아이를 인정해 보라. '아무개야 오늘은 무릎을 꿇고 기도도 참 잘하는 구나'라며 별말 아닐 지라도 칭찬해 보라. 그럼 어린아이는 아주 기뻐한다. 그런데 교회에 왔는데 아침부터 '아무개야 얼굴이 왜 그러니? 어디 아프냐? 왜 이렇게 얼굴이 노랗게 보이니?'라고 부정적인 이야기를 하면 아이의 기가 죽는다. 사람의 말은 이상한 능력이 있다. 사람들은 긍정적인 것을 좋아한다.

우리 나라 국민 70%가 보는 신문이 바로 조선일보라 한다. 신문이라면 동아일보나 한겨레신문 같은 언론의 역할을 제대로 하는 신문이 구독률이 높을 것 같지만 사람들은 그것을 이상하게도 별로 좋아하지 않는다.

조선일보는 집권하는 당을 지지하면서 잘한다, 잘한다 한다. 그래서 많은 사람들이 불매 운동을 벌이기도 했지만 아직까지 많은 사람들이 조선일보를 본다는 사실이다. 이것은 무엇인가? 인간이 원래 긍정적인 것을 좋아한다는 것을 증명해 준다는 것이다.

박정희 대통령 시절에 대통령이 TV에 나와서 '국민 여러분 우리 나라는 이제 잘 살게 되었습니다.'라고 말할 때 부정적인 사람들은 거짓말 한다고 말했다. 그러나 긍정적인 사람들은 그 말을 받아들이고 기뻐했다.

그러나 경제가 좋지 않았을 때 대통령이 나와서 '국민 여러분 우리 나라가 망하게 되었습니다. 더 이상 외국에서 원조도 되지 않고 우리는 죽게 되었습니다.'라고 말한다면 듣는 사람들이 맞는 말이라고 맞장구 치겠는가?

내일 당장 죽게 된다 할지라도 박정희 대통령은 나와서 우린 살 수 있다고 이 어려움만 끝나면 잘살게 될 것이라고 말했다. 그러한 어려움 뒤에 우리는 많은 것을 이루게 되었다. 그 분은 진정한 리더였다. 그를

옹호하는 것은 아니지만 긍정적으로 국민에게 힘을 준 그 분의 그러한 점은 존경할만 하다.

역사는 긍정적인 평가를 해주어야 한다. 그러한 긍정적인 열정이 있어야 한다. 교회에 대해서도 부정적인 마음을 품은 성도가 있다면 그 교회는 안 봐도 뻔하다. 교사들이 우리 목사님은 어떻고, 우리 전도사님은 어떻고, 애들은 매일 떠들기만 한다고 무슨 교회가 이러냐고 불평을 한다. 그럼 이 교사가 무슨 교사겠는가? 그만 두어야 한다.

우리 목사님이 그래도 은혜가 있고 우리 목사님이 그래도 열심히 있노라고 긍정적으로, 열정적으로 밀어주면 그 교회는 행복이 있다. 아내에 대한 리더십, 남편에 대한 리더십, 자녀에 대한 리더십, 부모에 대한 리더십이 있어야 교회나 사회나 가정이 편안해 질 것이다.

리더십은 누구에게나 있어야 한다는 것이다. 리더자가 그런 면을 감당하면 큰 비젼을 가지고 하나님의 큰 일을 감당할 수 있다. 부정적인 마음을 버리고 긍정적인 마음을 가지고 나는 할 수 있다는 생각으로 리더로서의 역할을 잘 감당해 나가라 긍정적 열정이 자꾸 눈에 보여야 한다.

일곱째, 리더자는 자기 자신에 대한 밝은 이미지를 가져야 한다. 자기 자신을 밝게 봐야한다. 무슨 일을 시키면 할 수 있음에도 불구하고 할 수 없다고 말하는 자가 많다. 그러면 나는 하지 말라고 한다. 그런 사람

은 리더자가 될 수 없다.

우리가 하는 것이 아니다. 내게 능력 주시는 자 안에서 능치 못함이 없다는 말씀을 기억하라. 내게 능력 주시는 자를 바라보아야지 내가 하려고 하면 할 수도 없지만 설사 했다 하더라도 교만해진다. 하나님 바라보지 않는 사람은 '내가 했지' 라며 공치사한다.

목사님들도 교회부흥을 시켜놓고 잘못하면 자신이 능력이 있어서 한 것이라고 생각한다. 그럼 그때부터 파멸이다. 구역장, 교사들도 마찬가지이다.

내가 교회학교 교사 시절에 세 명을 가지고 삼십명으로 부흥시킨 적이 있다. 그렇게 하니까 교회학교가 너무 우스워 보이고, 안하무인이고, 눈에 보이는 것이 없었다. 또 총무까지 되고 보니까 혼자서 북 치고, 장구 치고 다하는 것이다. 혼자 사회보고, 기도하고, 설교하고, 인형극도 했다. 그런데 내가 다 하다 보니까 교사들은 팔장 끼고 구경만 한다.

목사가 다하니까, 전도사가 다하니까 교사들이 할 것이 없다. 리더자로서 다른 사람들이 할 수 있는 것을 빼앗아 버린 것이다. 그러니까 하고 싶던 교사들도 분위기가 안 되니까 팔장 끼고 구경만 하다가 점점 떠나게 된다. 그리고 혼자 힘들어한다.

여덟째, 지도자는 위임할 줄 알아야 한다. 처음 전도사로 임명받고 나면 눈에 힘주고 '내가 전도사라구' 하면서 혼자 다하려고 하는 사람들도

말로 가르치지 말고 말씀으로 가르치라

있다. 교사가 학생에게 무언가를 시키면 그 아이는 굉장히 좋아하면서 그 일을 감당한다. 솔직히 일을 시키는 것인데도 기분이 좋다.

우리가 할 수 있는 것도 남에게 시켜볼 수 있어야 한다. 내가 잘하는 것도 남이 할 수 있도록 기회를 주어야 한다. 내가 할 수 있다고 혼자 북 치고, 장구 치고 다하면 리더자가 못된다.

일하다가 실수가 생기게 되면 그것을 못하는 배아픈 사람들이 따진다. 그러면 듣는 사람은 그럼 당신이 해보라고 말하면서 변명거리만 늘어나고, 계속 트러블이 생기게 된다. 할 수 있는 일을 맡기는 것이 중요하다.

큰 조직을 운영하는 사람은 조직과 행정을 가지고 일사불난하게 일을 처리한다. 낮든지, 높든지 자기가 가지고 있는 범위 내에서 리더십을 발휘해야 한다. 그러나 우리는 보스기질이 있다. 이것이 두목형이다. 내가 목사인데, 내가 전도사인데, 내가 부장집사인데 라고 명칭을 가지고 남을 누르는 시절은 이미 지났다. 그것은 리더자가 아니다.

아홉째, 지도자는 남을 섬길 줄 알아야 한다. 내가 했을 지라도 남의 얼굴이 드러나게 하고, 누가, 누가 잘했노라고 칭찬하면 상대방이 어쩔 줄 몰라 하면서 다음부터는 더 잘하겠노라고 다짐을 한다. 그리고 다음에 시키면 너무너무 잘한다. 우리에게 그런 리더십이 있으면 우리 교회가 아름다워질 것이다.

당신이 지도자가 되라

열번째, 지도자는 인물을 키워야 한다. 교회에서 가장 중요한 것이 사람이다. 어린아이들 중에 인물을 키울 때 예수 사람으로 키워서 그 교회를 섬겨 나갈 수 있게 하면 그 교회는 반드시 성장할 것이다.

어느 목사님은 구역장과 교사만 키웠더니 16년 지난 지금 삼천오백명이 참석하는 교회로 성장했다고 한다. 목회에 다른 방법이 있는 것이 아니다. 그분은 진정한 사역자를 길렀다는 사실이다. 또 인물 키우려고 고등학교도 지으셨다고 한다.

200여 개의 미션스쿨이 자율적으로 성장할 수 있게 되면 일류 학교가 되어질 것이다. 교회들이 그런 운동을 펼쳐야 한다. 꼭 기억하라. 인물을 키워야 한다. 어린아이들 중에서 인물을 키워나야 이 나라가 사는 것이다.

너무 인물을 안 키워서 문제이다. 정치인들도 인물이 너무나 없다. 인물은 키우지 않고 자기만 키운다. 서로 같이 키워 가야 한다. 상대방을 죽이고 내가 사는 것이 아니라, 나도 살고 상대방도 살아야 한다.

그래서 리더자는 사역자를 키울 줄 알고 사람들에게 자원하는 마음을 갖도록 만들어야 한다. 윽박질러서 매로 키우기보다는 감동을 주어서 자원할 수 있는 마음을 갖게 하라. 리더자는 만들어진다.

나는 어린 시절에 정말 가난했다. 부모님이 계셨는데도 부모님과 같이 살았던 기억이 없다. 그런 속에서도 내 마음엔 하나님이 날 사랑하신

말로 가르치지 말고 말씀으로 가르치라

다는 열정이 있어서 초등학교, 중학교, 고등학교를 탈선하지 않고 여기까지 오게 되었다.

어렸을 때부터 별 것을 다 해보았다. 교회 대표로 성경 암송대회를 하면 일등을 하고, 웅변대회에 나가서 대상도 탔다. 그런 어려운 환경 속에서도 적극적으로 살아왔다. 고등학교 졸업하고 대학 들어가서 지금까지 공부를 쉬지 않았다. 계속해서 연구하고, 공부하고 강의를 다녔다. 남들은 강의 한번 하려면 소화가 안 된다고 하는데 나는 강의를 생각하면 소화가 다 된 느낌이었다.

나는 매주 십일조, 매주 감사헌금, 매주 건축헌금, 매주 선교헌금, 절기헌금 같은 헌금이란 헌금은 모조리 하기 시작했다. 그런데 그렇게 헌금했다고 한번도 부도가 난적이 없었다. 나는 너무너무 가난했는데 어느 순간 깨어 보니까 부자가 되어있었다.

비결이 무엇인가? 주어진 현실의 삶에 최선을 다하고 리더십을 가지고 남들을 대하니까 점점 커지게 된 것이다. 하나님께 아낌없이 드렸더니 하나님은 더욱 풍성히 채워 주셨다. 은혜 받고 하나님 앞에 헌신된 믿음의 삶을 고백하라. 이러한 믿음의 고백으로 한평생 주의 복음만 증거하라.

14

21C 교회학교 갱신과 부흥을 위한 제안

하나님께서 제일 먼저 창조한 사람은 아담이었다. 아담은 인간, man 바로 인류를 의미한다. 이것은 고유명사이지만 또한 보통 명사이기도 하다. 하와는 죄를 짓게 하는 하나의 동기는 되었을지 몰라도 인류를 대표하는 아담이 죄를 지은 것이다. 그리고 죄를 짓게 한 장본인은 마귀 사탄이었다.

하나님께서 말씀하시기를 '너희가 동산 중앙에 있는 선악과를 먹으면 정녕 죽으리라'고 말씀하셨다. 그런데 사탄은 하와에게 이렇게 유혹한다. '하나님이 너희에게 먹지 말라고 하더냐? 먹으면 어떻게 된다고 하더냐?' 그러자 하와가 '우리가 정녕 죽을까 하노라' 라고 말한다.

죽는다와 죽을까 하노라는 엄연한 차이가 있다. 죽는다는 것은 반드시 죽는다는 것이고 죽을까 하노라는 죽을 수도 있고 안 죽을 수도 있다

는 말이다. 사탄의 유혹을 받으면 우리 마음속에 해도 되고, 안 해도 된다는 마음이 생긴다.

그러나 복음은 반드시 전해야 한다. 하나님의 일을 꼭 해야된다는 마음이 있는 사람이 바로 사명자이다. 이런 사람이 바로 교사가 되어야 한다.

사탄이 하와를 유혹해서 선악과를 따먹었는데 유혹 받은 것이 선악과를 따먹는 결과로 이어졌다. 동산 중앙의 선악과가 있다고 하자. 선악과라는 것은 저주가 들어있는 열매가 아니고 그 속에는 축복의 말씀이 들어가 있다. 그러나 우리는 하나님이 선악과를 왜 만들어서 따먹게 하고, 우리로 하여금 죄를 짓게 만드셨느냐고, 왜 또 우리를 만드시고 사탄은 왜 만드셔서 우리를 유혹해 저주된 삶을 살게 하느냐고 불평을 한다.

그러나 성경을 자세히 보면 선악과는 우리에게 저주로 준 것이 아니고 축복으로 준 것이다. 너희가 선악과 열매를 따먹지 않는 것을 지키기만 하면 너희에게 큰 축복을 주신다고 말씀하셨는데 죄를 지은 인간은 죄 지을 생각으로 가득했던 것이다. 그래서 결과적으로 왜 만들었냐는 '왜'라는 질문을 하기 시작했다.

사탄이라고 하는 존재가 우리를 잡고있었기 때문에 그때부터 우리는 사탄의 올무에서 빠져 나올 수가 없었다. 사탄의 올무에서 빠져 나오지 못하기 때문에 결국 사탄의 세력에서 살고 있는 것이다.

말로 가르치지 말고 말씀으로 가르치라

그러나 사탄에게서 빠져 나올 수 있는 힘은 예수 밖에 없다. 예수 그리스도의 능력만이 빠져 나올 수 있는 힘이 되고 원천이 된다. 예수 그리스도를 힘입지 않고는 다른 어떤 방법으로도 사탄의 세력을 이길 수가 없다. 이상하게도 예수 그리스도를 사용하면 모든 것이 떠나간다.

아이들이 선악과는 왜 만드셨냐고 질문을 한다. 그럴 때 우리를 축복해주시기 위해서 만드셨다고 대답하라. 무엇이든지 긍정적 시각으로 성경을 해석하면 모든 것이 축복의 말씀이다. 사명감을 갖는 교사가 되라.

근본적으로 인간은 사탄의 세력에 있기 때문에 죄를 짓게 되어 있다. 죄를 지은 사람에게 너는 죄인이다. 왜 죄를 지었느냐고 말해봐야 아무런 소용이 없다. 그에게 예수를 전하면 해결된다. 예수를 전하고 예수를 받은 사람에게 성령이 들어가서 성령이 충만하면 그 사람의 인생이 바뀌는 놀라운 역사가 있다.

그러나 성령 충만하지 않고 마치 자신의 힘으로 사탄 마귀의 세력을 이길 수 있는 것처럼 기도하지 않는 그러한 교사들에게 사탄은 반드시 역사한다. 이렇게 생각하라. 성령이 나를 사로잡지 않으면 사탄이 나를 사로잡는다. 둘 중에 하나인 것이다.

인생은 성령 받은 자와 성령 받지 못한 자 두 종류밖에 없다. 교회에서 싸움이 일어나는 것은 성령 받지 못한 사람과 성령 받은 사람 사이에서 의견 충돌이 일어나기 때문이다.

성령 받으면 모든 것이 만사형통하고, 성령 받으면 언덕길을 오토바이 타고 올라가듯이 쉽게 올라가는 것이다. 성령 받으면 우리의 인생이 근본적으로 완전히 바뀌는 놀라운 역사가 일어날 것이다.

성령 받은 얼굴은 해같이 빛난다. 그런데 달이라고 하는 것은 해가 있어야 햇빛에 반사되어 달빛이 비춰는 것이다. 마찬가지로 우리도 예수 그리스도의 빛을 받아서 빛의 자녀가 된다. 우리가 빛이 아니고 예수 그리스도의 빛을 받아서 전하는 것이다.

인생에 있어서 겉모습만을 꾸미지 말라. 겉 사람은 후패하고 속 사람은 날로 새로워진다는 사도 바울의 고백처럼 날마다 새로워지는 자가 되라. 예수를 잘 믿으면 믿을수록 어린아이가 되어간다.

그런데 예수를 대충 믿는 사람들은 자꾸 어른이 되려고 해서 권위의식에 사로잡혀 간다. 신앙생활을 잘하면 갈수록 어린아이처럼 말씀을 들어도 아멘으로 화답하고, 누가 조금만 웃긴 이야기를 해도 하하 웃어주고, 누가 조금만 울려도 눈물을 흘리게 된다.

그런데 어떤 사람은 웃겨도 웃는 사람만 쳐다본다. 이상하게도 웃지 못하고 태도가 안 좋은 사람은 절대 은혜가 없는 사람이다. 벌써 사람의 모습, 얼굴, 형태만 봐도 성령 충만한 사람이라는 것을 알 수 있다.

어떤 사람은 영적 분별 은사를 받았다고 쪽집게처럼 집어내는데 그렇게 죄를 드러내는 사람은 은사를 받은 것이 아니고 악령이 역사하는 것

이다. 남의 죄를 보는 것이 은사가 아니다. 성령의 역사는 해 같이 빛나는 얼굴을 보면서 은혜를 받는 것이다.

자주 웃고, 자주 기뻐하고, 모든 일에 충만함으로 살아가라. 세상을 바라보면 심각할지라도 예수 믿는 기쁨으로 그래도 웃으라. 세상의 모든 걱정과 근심이 엄습해올 때 그것 바라보고 슬퍼하지 말고 주님 바라보고 기쁨으로 복음을 전하라.

태도가 좋아야 한다. 얼굴이 아무리 예뻐도 웃지 않으면 그 얼굴은 별볼일 없다. 웃는 얼굴에는 화장품이 따로 없는 것이다. 이곳은 천국의 연습장이다. 이곳에서 예수를 사랑하는 연습, 형제 자매를 사랑하면서 웃는 연습을 많이 하는 사람들이 천국에 가서도 웃는다.

그러나 이곳에서 항상 찡그리고 혼자 이기적인 욕심을 가지고 살아가는 사람은 천국에 가긴 가지만 구원받은 것이 부끄러워질 것이다. 여기서 잘 웃는 사람들은 그곳에서도 잘 웃고, 여기서 은혜 받은 사람들이 그곳에서도 은혜를 받는 것이다.

사명감이 생기면서 성령이 충만한 교사들은 벌써 웃는 모습 태도 행동 모든 것이 달라진다. 어린아이가 코를 흘리면서 온다. 그럴 때 교사들이 코 좀 닦고 다니라고 무관심하게 말하면 아이들이 벌써 선생님이 사랑이 없다는 것을 알게 된다.

그러나 코 흘리는 아이에게 가서 휴지로 닦아주고, 등도 한번 쳐주고,

머리도 한번 쓰다듬어 주면 그 아이는 너무 기뻐하고, 선생님에게서 따뜻한 사랑을 느끼게 되는 것이다.

성령충만하다는 것은 이상한 입신하고 방언하면서 이상한 행동을 하고 다니는 것이 아니다. 은혜를 받고 은사가 있는 사람들은 부드러워지고, 아이를 보면 사랑이 나가고, 성도를 볼 때 기쁨이 있고, 서로 서로를 위하고, 칭찬하고, 높여 준다. 이것을 못하기 때문에 교회가 말썽인 것이다.

그러나 이 모든 것을 우리의 인간적 도덕이나 윤리, 철학으로 가르칠 수가 없다. 그런데 할 수 있는 능력을 하나님께서 주셨으니 그것이 바로 기도의 능력이다. 그래서 기도하는 사람이 하나님께 크게 쓰임 받는 사람이다.

교회에서 제일 중요한 사람, 하나님께 인정받는 사람은 기도하는 사람이다. 기도하지 않는 사람은 하나님의 능력이 나가지 않는다. 기도하지 않고 있는 사람은 성령을 아무리 받았어도 그것은 성령 충만한 사람이 아니고 성령을 흉내내는 사람이다.

옛날에는 방언을 가르쳐서 배우는 사람도 있었다. 그러나 그렇게 방언을 해서 뭐할 건가? 방언이라는 것은 천국 언어이다. 중국방언, 소련방언, 일본방언 같은 것은 못할지라도 우리의 말속에 진정한 하나님의 사랑과 능력이 들어가 있으면 그것이 바로 천국방언인 것이다. '죄송합

니다', '선생님 수고 하셨습니다', '하나님이 우리 친구를 사랑하신단다' 이렇게 우리말로도 얼마든지 복음 전할 수 있고, 하나님의 사랑을 나타낼 수가 있는 것이다.

방언은 하나님만이 들을 수 있는 용어가 아니고 하나님 나라에서 사용하는 언어이다. 우리가 정말 하나님의 사랑을 받고, 형제와 자매를 사랑하고, 은혜 받고, 성령 충만하여서 사명감을 가졌다면 이미 믿음 안에서 승리한 것이다.

성경학교를 하다보면 가끔 이런 일이 있다. 첫째 날 끝나고 평가회를 하고, 둘째 날 끝나고 평가회를 하고, 셋째 날 끝나고 평가회를 한다. 그런데 평가회를 할 때마다 서로 싸운다.

싸우는 이유는 무엇이 잘못되었다는 것이다. 율동이 잘못되었고 모든 진행이 잘못되었다고 한다. 이렇게 성경학교가 처음부터 삐걱대면 은혜가 안 되는 것이다. 우리가 성경학교를 잘 치루기 위해서는 교사들이 하나가 되어야 한다. 교사와 목회자가 전적으로 하나가 되어야 한다.

성령이 강하게 역사할 때는 사탄도 강하게 역사한다. 그래서 성령이 역사할 때는 입을 다물고 불평적인 이야기는 하지 말아야 한다. 은혜 충만히 받고 집에 가면 아내나 남편이 사탄이 되어서 온갖 말로 공략을 한다. 그럴 때는 입을 열지 말라. 사탄도 이만큼 강하게 역사한다는 말이다.

그래서 은혜 받는 성경학교 기간이나 은혜 받는 부흥회 기간에는 불평을 하면 안 된다. 그렇게 불평을 하는 사람들은 첫째 날이나 둘째 날 떨어져 나가고 마지막까지 참석하지를 못하게 된다. 그런 사람들은 어디에 가도 불평이다. 항상 불평하고, 범사에 불평하고, 쉬지 않고 불평을 한다. 그렇게 불평하며 살아서 어떻게 인생의 꽃이 피겠는가?

기도하는 사람이 큰 사람이요, 기도하는 사람이 중요한 사람이다. 기도함으로 무릎꿇지 않고 하나님의 일을 감당할 수 있다고 하는 사람들은 그 일을 해도 그것은 하나님의 일이 아니다.

위대한 사람을 알아야 위대한 꿈을 가질 수 있다. 훌륭한 목사님들을 찾아가기도 하고 전화해서 상담도 해 보라. 그런데 우리는 그런 일들을 두려워하고 겁을 낸다.

나는 훌륭한 목사님들을 많이 만나 보았지만 배움과 학식 같은 조건보다는 그들이 한가지 다른 것이 있다면 바로 기도하는 것이었다. 새벽에 기도하는 능력, 금식하며 기도하는 능력, 철야하며 기도하는 능력, 이런 기도의 능력이 있기 때문에 모든 것이 변화되고 큰 목회를 해가면서 변함없이 묵직하게 이끌어 나가는 영적인 힘을 볼 수가 있었다.

기도할 것이 없다고 한다면 그 때부터 시험이다. 말 안 듣는 아이들은 보기 도 싫고, 기도를 하지 않기 때문에 그 심령들을 보고 안타깝고 불쌍한 생각보다 인간적인 생각이 드는 것이다.

　반드시 기도하라. 앉은뱅이를 일으키는 것, 장님의 눈을 뜨게 하는 것이 기적이 아니고, 주일날 딱 한번 나와서 예배드리면서 신앙생활을 유지하는 사람들이 기적인 것이다. 기적 중에 기적이다. 그것도 격주로 나와서 찬송 한 장 부르고, 목사님께서 설교할 때는 딴 생각 하다가 축도 끝나면 바로 도망가는 사람들, 그러면서 평생 예수를 믿는다고 하는 사람들을 보면 그것이 바로 기적이라는 생각이 든다.

　인간이 기도하다가 피곤하면 푹 잘 수도 있다. 잠이 부족해서 생활에 문제가 있는 것이 아니다. 깨어서 기도하려고 하는 마음만 먹어도 성령님께서 깨워주신다. 기도는 기도로 되어진다. 기도가 안 되는 사람은 기도를 해야 한다. 기도가 안 된다고 기도를 안 하면 더 기도가 안 된다. 그것이 바로 악순환이다.

　기도 중에 가장 재미있는 기도는 계속해서 부르짖어 기도하는 것이다. 그렇게 기도하면 하나님께서 우리에게 다가온다. 우는 척만 해도 하나님께서는 감동을 주시고 죄를 깨닫게 하신다. 주님 앞에 나와 무릎만 꿇어도 벌써 역사하시는 것이다.

　그런데 어떤 사람은 어떠어떠한 이유로 새벽기도를 나오지 못하고 침대에서 기도를 한다고 말한다. 그렇지만 기도는 교회에 나와서 해야 되는 것이다. 교회에만 하나님이 계시느냐고 신학적으로 따지는 사람들도 있다. 그러나 교회에만 하나님이 계시다고 믿고 기도하라.

칼빈은 마지막 구원은 교회를 통해서 이루어지고, 교회는 우리를 구원으로 인도하는 어머니와 같은 역할을 한다고 말했다. 이 정도로 교회는 중요하다. 우리가 구별된 자들인데 그 구별된 자들이 모인 단체인데 그것이 하나님께로 인도하는 엄청난 능력 있는 장소라는 것이다.

교회를 사랑하기 바란다. 교회에서 기도하기 바란다. 교회를 떠나서 아무 기도원이나 가서 머리밀고 안수 받고 부르짖으면서 기도하는 것은 위험한 일이다.

우리의 담임 목사님이 우리의 목회자요 지도자인 것이다. 나는 그래서 다른 교인들에게 함부로 안수하지 않는다. 부흥집회에 가서 그 교회에 담임 목사님이 안수를 해달라고 부탁을 하면 안수를 하지만 그 외에는 하지 않는다. 이것이 바로 영적 질서이다.

그 양들은 그 담임 목사님께 맡겨진 것이다. 어느 교회의 목사님이든 목사님은 하나님께서 쓰시는 훌륭하신 분들이다. 따라서 각자의 목사님을 잘 섬기고 교회에 최선을 다는 것이 우리의 본분이다.

여러 집회를 하면서 '교회가 어디에 있느냐, 그 교회에 가도 되냐, 무슨 목사님이냐'는 질문을 받을 때가 많다. 그때마다 나는 그런 사람들의 방문을 일언지하에 거절한다. 너무 그렇게 쫓아다니는 사람들이 있다. 그런 사람들은 이 사람, 저 사람을 쫓아다니다가 끝이 날 것이다. 우리 자신의 교회를 잘 섬기고, 사명감을 갖고 기도하며 최선을 다하면 그것

이 바로 하나님이 기뻐하시는 일이다.

또한 어린이들을 잘 지도하는 교사는 주입식으로 가르치지 않는다. 우리는 21C를 향해 가고 있다. 지금까지 우리는 전근대적인 교육방식으로 주입하면서 가르쳤다. 그런데 주입하는 것으로 끝나니까 아이들의 머리가 터진다. 학교에서도 시험보고 교회에서도 시험을 본다. 아이들이 시험을 보다가 시험에 드는 것이다.

성경시험을 보면 어떤 아이들은 다른 아이의 시험지를 훔쳐보기도 한다. 교회에서 대회 같은 것을 하면 학교공부는 뒷전이고 그것만 공부시킨다. 그렇게 머리가 터지게 공부해서 일등을 하면 뭐 할건가? 성경 어디에 뭐가 있고 누가 나온다는 것은 잘 안다. 그러나 그들의 태도와 삶은 하나도 변화가 없다. 그래서 이렇게 교회를 20년씩 다닌 사람들은 전도도 하지 않는다. 그리고 새 식구가 오면 좋아하지 않는다.

교회는 새 식구를 위해서 존재하는 것이다. 그렇다고 기존의 식구가 헌 식구라는 것이 아니고 기존의 성도는 새 식구를 맞을 책임이 있다는 것이다. 그런데 새 식구가 오면 앉을 자리를 주는 것이 아니고 오히려 자기가 앉아 버린다. 어린아이들은 교회에 나와서 자기 선생님이 안 보이면 그 다음부터 교회에 안 나온다. 제일 중요한 것은 교사가 새 식구와 어린아이들을 맞아야 한다.

그래서 교사들은 어린아이들보다 훨씬 먼저 와 있어야 한다. 어린이

21C 교회학교 갱신과 부흥을 위한 제안

들 보다 늦게 오는 교사들도 있는데 미리 와서 기도하고 있다가 아이들이 들어오면 같이 옆에 앉아서 기도하게 만드는 교사가 훨씬 훌륭한 교사이다.

지금도 기억나는 것이 있는데 내가 존경하는 한 목사님께서는 새벽기도 때 항상 교인들보다 먼저 나와, 단에 앉아서 하나님 말씀을 읽고 계셨다. 그러니까 모든 교인들이 교회에 오면 마음이 편해진다고 좋아하던 것이 기억난다. 바로 이런 모습의 교사가 되어야 한다.

이런 모든 것들은 기도로 할 수 있다. 우리가 가슴을 치면서 지금부터 잘 해야겠다고 다짐을 하고서는 다음날부터 기도하지 않는다. 그렇게 하면 무슨 소용이 있겠는가?

그리고는 '우리교회만 그렇게 하나? 다른 교회들도 그렇게 하던데...' 라고 비교를 한다. 비교의식을 갖지 말라. 우리는 우리이고 나는 나이다. 하나님과 나와의 절대적 관계를 잘 가져라.

기도하면 정말 이상한 일들이 일어난다. 기도하면 전도할 대상자가 보이고, 기도하고 나면 돕는 손길이 생기고 하나님의 엄청난 일들이 일어난다. 그러니까 기도하고 하나님의 능력을 받고 우리의 직분을 감당해야지 우리의 힘으로 감당하려고 하면 할 수가 없다.

우리 아버님도 예수를 잘 믿지 않았다. 보통 너무 심하게 완전히 반대하는 사람들은 믿을 수 있는 가능성이 많다. 그런데 교회까지 와서 부인

을 데려다 주고 아이들 데리러 오는 사람들을 돌아오게 하기는 굉장히 오래 걸리는 경우가 많다. 우리 아버님이 그러셨다. 신학교 다닌다고 하니까 잘 다니라고 반대는 하지 않으시면서 절대 믿지는 않으셨다.

그래서 나는 아버님을 위해서 기도를 하기 시작했다. 그런데 어느 날 아버님이 화장실에서 넘어지셔서 갈비뼈가 부러져 허파를 찔렀다고 위급하다는 연락이 왔다. 바람이 들어가서 온몸이 부었단다. 다행히 30분 안에 병원으로 옮겨서 살아나셨다. 의사가 3개월은 있어야 한다고 말한다.

그러나 나는 기도하면 일주일 만에도 일어날 수 있다고 기도하기 시작했다. 그때 무슨 배짱으로 그랬는지 성령이 역사하셔서 아버님 손을 붙잡고 손에 눈물을 흘려가면서 기도를 하니 아버님도 같이 울면서 기도를 받으셨다. 그리고는 3일만에 퇴원을 하셨다. 그때부터는 하나님이 살아 계신 것을 믿기 시작하셨다. 기도는 이렇게 만사를 좋게 변화시킨다.

기도를 통해서 직분을 잘 감당하면 사명자가 될 줄 믿는다. 많은 프로그램을 배우는 것도 중요하지만 성령을 받고 기도를 배우는 것이 더 중요한 것이다. 더 중요한 것은 어린 심령을 변화시킬 수 있을만한 성령 충만한 믿음 있는 교사가 되는 것이다.

1+1=2이 크고, 1×1=1 작다라는 것은 세상의 법칙이다. 그러나

1+1＝2가 처음에는 큰 것 같지만 나중에 1×1＝1이 숫자가 커지면 커질수록 기하급수적으로 커지게 되는 것이다. 이것이 바로 하나님의 법칙이다. 방법론은 안 배워도 은혜 받으면 엄청난 하나님의 계획된 역사가 일어날 줄 믿는다. 이 진리를 깨닫고 나니까 기도를 안 할 수 없는 것이다.

제일 잘못된 교사는 기도 안 하는 교사이다. 정말 훌륭한 교사는 교육학을 알고, 율동도 잘하고, 행정도 잘 아는 그런 사람이 아니다. 방법론만을 잘하는 사람들은 잘하는 것 때문에 교만해서 교회를 어지럽게 한다. 그러나 겸손한 교사들은 하나님이 달란트를 주어서 나를 통해 역사하신 것이라고 고백한다.

기도하라. 마음으로 믿어 의에 이르고 입으로 시인하여 구원을 받는 것이다. 자꾸 잘되어 진다고 입으로 시인하라. 기도를 할 것이라고 시인하라. 고집 피우지 말고 그렇게 입으로 시인하면 하나님께서 역사하셔서 기도의 사람으로 만들어 가신다는 사실을 잊지 말기 바란다.

내가 작정하는 것이 아니고 성령께서 우발적으로 작정하게 하셨을지라도 하나님은 그것을 통해 역사하신다. 어느 두 사람이 개척교회의 목회를 하기 위해서 산에 올라가서 돌과 나무를 붙잡고 기도를 했다. 그런데 한 사람은 응답을 받았는데 다른 한사람이 응답을 못 받았다. 그래서 응답 받은 친구가 산에서 내려가긴 내려가야겠는데 친구의 기도가 안

끝나니까 응답을 못 받은 친구에게 장난으로 다른 목소리를 내어서 '내가 다 들었느니라. 내려가서 목회를 열심히 하거라.' 라고 말했다고 한다. 기도하던 친구는 그 음성이 하나님의 음성인줄 알고 뛸 듯이 기뻐하면서 산에서 내려가서 열심히 목회를 했다.

그렇게 10년 동안 교회가 성장하고 많은 것을 이룬 후에 그 사실을 알게 되었을 때 그 친구는 장난을 친 친구를 원망한 것이 아니고 오히려 감사해 했다. 하나님은 친구의 장난스러운 입을 통해서라도, 악한 자를 통해서라도 역사하는 하나님이라며 친구를 붙잡고 감사했다고 하는 이야기가 있다.

그러니까 하나님의 일을 하면서 불평할 필요가 없다는 것이다. 그렇게 불평하는 사람을 통해서라도 하나님은 역사하신다. 교회를 못되게 하는 사람들이 있어서 더 잘되는 것이다.

기독교는 핍박이 심하면 심할수록 더 부흥했다. 우리가 지금 편하니까 안 믿는 것이다. 60년대, 70년대에 개척한 교회들은 다 성장했다. 그러나 90년대에 개척한 교회들을 보면 다들 성장이 안 된다고 아우성이다. 그렇지만 하나님을 바라보고 기도함으로 성장을 이루어야 한다.

하나님은 역대적으로 기도하는 사람들을 사용하시고 그 사람들을 통해서 모든 것을 바꾸어 나갔다는 사실을 기억하라. 모든 첨단 매체를 통해서 목회를 하는 것도 중요하지만 그것에 기도가 빠지면 코드를 꼽지

않고 전자 오르간을 치는 것과 똑같다.

기도를 해야 모든 것이 제대로 돌아간다. 기도는 우리 생활의 윤활유요, 기도를 통해서 우리의 인생을 바꾸는 놀라운 역사가 일어난다는 사실을 기억하고 기도만 하라. 기도 자체가 성공이다. 지금 실패했을지라도 기도하는 사람은 성공한 사람이다.

어린아이가 한 명이 오든 두 명이 오든 그것이 문제가 아니다. 기도하는 교사에게는 양들을 보내주시고, 또 안 보내주셔도 좋은 것이다. 이스라엘 백성이 홍해 앞에 섰을 때 다 끝났다고 그들이 불평해서 홍해가 갈라진 것이 아니다. 믿음으로 홍해가 갈라진 것이다. 불평과 불만은 아무 것도 할 것이 없다. 오히려 기도함으로 간구하면 하나님께서 모든 것을 역사하고 인도해 주신다.

기도가 생활이 되어야 한다. 한 시간 동안 공부를 한다고 하면 30분 기도하고 30분동안 공부하면 한 시간 공부한 것보다 훨씬 더한 지혜와 능력을 허락해 주시는 것이다. 기도하면 운동도 되고 발성도 되고 심신수련이 다 되어지는 것이다. 기도 안에 모든 것이 다 들어있다는 것이다.

우리가 하나님을 떠난 것이 가장 큰 죄인데 기도를 안 하면 우리의 영이 죽어진다. 영이 죽어진 상태에서 어떤 것을 해도 감사가 없고 기쁨이 없다. 그런데 기도하면 술술 풀린다. 죄를 지어도, 기도하고 죄를 짓는 것이 낫다. 그런데 기도 안 하고 죄를 지으면 죄 때문에 죄를 짓고

죄에 충만해져서 결국은 하나님을 전혀 잊어버리게 된다. 그래도 기도를 하고 죄를 지으면 기도한 것 때문에 그 죄를 알게 하신다. 그래서 죄는 늦게 짓고 기도는 빨리 하라는 것이다.

실패와 염려와 근심을 두려워하지 말고 하나님의 능력과 꿈을 받아 믿음 안에 승리하라. 우리가 기도로 하나님의 일을 준비한다면 엄청난 하나님의 능력을 받아 우리의 인생을 바꾸어 놓는 기회가 될 줄 믿는다.

어디를 가든지 기도로 준비하는 자가 되라. 은혜 받은 사람은 모습과 얼굴과 기도가 다른 것이다. 은혜 받지 못한 사람들은 기도하는 것이 힘들어서 5분 기도하면 할 것이 없어서 시간만 재다가 기도도 못하고 돌아간다. 그런 사람들은 점점 신앙적으로 낮아지고 쳐지게 되는 것이다.

그런데 기도하는 사람들은 점점 기도가 늘어서 기도로 충만한 사람이 된다. 무디가 초등학교 반사를 하려고 목사님을 찾아갔는데 그 목사님이 무식한 사람이 어떻게 반사를 하느냐고 무시를 했다고 한다. 그래서 무디는 '내가 아무리 무식해도 하나님이 사용하시면 크게 쓰실 줄 믿습니다.' 라고 울면서 산에 가서 바위를 밀면서 기도를 했다고 한다.

그 후에 무디는 전도왕이 되어서 7000명의 어린이들이 무디를 따라다녔다고 한다. 무디 신학교가 세워지고 무디 출판사가 만들어졌다. 초등학교밖에 나오지 않은 무디를 통해 하나님께서는 세계를 변화시키셨다.

학력이 무슨 소용이 있겠는가? 아무리 많이 배우고 똑똑해도 아무리 많이 가졌어도 그것이 하나님의 것이 아니면 아무 소용이 없는 것이다. 기도하는 사람은 잘났든지 못났든지 하나님께 맡기고 기도하기 때문에 하나님이 역사하시고 축복한다는 사실을 믿기 바란다.

기도는 우리를 위대하게 만드는 큰 힘이요, 도구요, 능력이다. 기도하는 사람이 성장하고 성숙하는 것이고, 기도하는 교회가 부흥하는 것이다. 전도도 마찬가지로 기도를 해야 능력이 나타나는 것이다. 그래서 전도는 하는 것이 아니고 되어지는 것이다. 지금부터라도 기도하고, 간구하면 우리의 인생이 바뀌는 놀라운 역사가 있을 것이다.

15
오직 예수(Only Jesus)로 가르치라

못 올라갈 나무는 쳐다보지 말라는 방법은 아주 소극적인 방법이다. 못 올라갈 나무일지라도 한번 올라가 보는 것이다. 열 번 찍어 안 넘어 갈 나무 있으랴! 이런 집착력을 가지라. 주님의 일을 하는데, 예수님이 나를 도와주시는데 무슨 일을 못하겠느냐 라는 믿음으로 무엇이든지 밀고 나가 보라.

나는 5년 동안 우리 나라의 훌륭한 목사님들을 쫓아 다녔다. 결과만 보고 '주금용이 누구냐?'라고 본다면 나는 아무 것도 없는 사람이다. 그런데 나는 5년 동안 수첩하나 들고 유명한 목회자들을 쫓아다니면서 다적고 다녔다. 그들의 전부를 파고들기 시작했다. 그리고 집에 와서 신학적으로 분석하고 내 것으로 소화시켰다.

우리는 교사를 훈련시킬 때 눈에 보이는 현상과 결과만 따먹으려고

한다. 그것이 인간의 욕심이고 교만이다. 그러나 그전에 우리가 할 작업이 있다. 그들 속에 하나님의 사명으로 고취될 수 있는 불타는 열정적 가슴을 심어주는 훈련인 것이다. 그러한 교사에게 어린아이들을 맡길 때 부흥한다. 집착력을 가지라.

지도력을 개발하라

그리고 의사소통을 개발해야 한다. 목사님들, 전도사님들은 교사들이 와서 무슨 불평을 하든지 그냥 들어 주라. 그들의 말을 끊지 말고 다 듣고 그를 위해서 기도해 주라. "하나님 아버지! 우리 아무개 선생님이 참 좋은 말을 잘하는 재주를 가졌습니다. 하나님 이 입술에 성령의 기름을 부으시면 얼마나 더 말을 잘 하겠습니까? 능력의 종이 될 줄 믿사오니 하나님이 크게 사용해주십시오" 라고 기도하면 그 교사가 얼굴이 빨개져서 돌아갈 것이다.

불평을 다 들어 주라. 그래서 귀는 두 개이고 입은 하나인 것이다. 100을 들으면 다 말하지 말고 50만 말하라. 두 마디를 듣는다면 한마디만 말해 주라. 그래야 의사소통이 되는 것이다. 교사를 리더로 만들어 가는데 중요한 것은 우리 자신에게 자질이 있어야 하는데 그것은 바로 리더로서의 자질이다. 지도자로서 긍정적인 열정이 있어야 한다.

물이 컵에 조금밖에 없는 것을 바라보고도 긍정적인 사람은 있는 것

을 바라보고 감사하지만 부정적인 사람은 없는 것을 바라보고 불평을 한다. 이것이 차이다. 지도자는 이런 긍정적 마음을 가지고 모든 것을 품안에 품어야 한다. 그리고 기도하라. 자기 자신에 대해서 밝은 이미지를 가지라. 하나님이 자신을 사랑하고 있다는 밝은 이미지 말이다.

여러분이 표준이 되라. KS마크가 되라. 자신이 기준이 되는 것이 아니고 하나님이 우리를 기준으로 만드신 것이다. 키가 작은 사람은 그것이 기준이 되는 것이다. 지도자는 자기자신에 대해서 밝은 이미지를 가져야 한다.

예를 들어 코가 낮은 사람은 높은 사람이 이상한 것이고 자신이 정상이라고 생각하는 것이다. 눈이 작으면 작은 것이 기준이다. 하나님이 원래 먼지가 들어가지 말라고 작게 만들었다고, 눈이 큰 사람들이 이상한 것이라고 생각하라.

그러나 우리 대부분은 자신에 대해 밝은 이미지를 갖지 못하고 없는 것을 통해서 불평을 한다. '하나님 저는 왜 키가 작나요?'라고 말하기보다는 '키 작은데 보태준 것 있어?'라고 배짱으로 살라. 믿음 가지고 밝은 이미지를 가지고 살면 이 세상이 바로 천국인 것이다.

또 위대한 지도자는 사역자를 발견할 줄 알아야 한다. 또한 위대한 지도자는 칭찬을 아끼지 아니한다.

앞머리가 원래 잘 넘어가지 않아서 전도사 시절에 한번은 파마를 한

오직 예수(Only Jesus)로 가르치라

적이 있다. 나를 어떻게 쳐다볼까 라고 신경이 머리로만 가 있으니까 나중에는 머리가 아프기 시작했다. 사람은 상당히 주관적이다. 상대방은 나의 머리에 아무런 관심이 없는데 혼자 신경 쓴다. 너무 신경을 써서 머리가 아픈데 아이들이 와서 말한다.

'전도사님 머리가 너무 웃기다. 베토벤 같다.' 라고 말한다. 그 말을 듣고 나는 바로 가서 머리를 풀었다. 같은 말을 해도 밝은 이미지를 심어주라. 자꾸 좋은 말, 칭찬하는 말을 하라. 그것이 바로 지도력이다. 지도자는 남을 격려하고 남을 칭찬할 줄 아는 자이다.

나는 못생겼을 지라도 예쁘다고 칭찬해 준다. 그러면 못생긴 것을 아는 사람도 그런 말을 들으면 거울을 한번 보게 된다. 말 한마디가 그렇게 중요한 것이다. 어떤 사람은 보약을 먹고 건강해 지려고 하지만 건강은 따로 있는 것이 아니다. 밝은 이미지를 갖고 기도하면 건강하게 되어 있다. 즉 자긍심을 가지고 밝게 살라는 것이다.

그런 지도력으로 교사를 훈련시키라. 마지막 결론적으로 한가지, 교사들에게 이렇게 하라, 저렇게 하라 가르쳐 주는 방법보다 중요한 것은 교사들 마음에 예수를 주는 것이다. 이것이 구체적 훈련의 기본이다. 그것 외에 다른 것이 없다. 그렇게 하면 분반 공부하지 말라고 해도 하고, 전도하지 말라고 해도 하게 된다.

자전거 타고 올라가듯이 힘들었던 목회가 마치 오토바이를 탄듯이 당

말로 가르치지 말고 말씀으로 가르치라

기기만 하면 올라가는 것이다. 인본주의는 지극히 힘들지만 하나님만 바랄 때 되어진다. 교회학교가 성장하지 말라고 해도 성장을 하고, 목사님 전도사님들을 존경하지 말라고 해도 존경하고, 인사하지 말라고 해도 목사님 앞에서 목이 숙여진다.

일부러 바꿔볼려고 '목사를 보면 인사를 해라. 때가 되면 선물을 해라'라고 말하지 말라. 단지 성도들에게 은혜만 주면 그들은 헌금 내지 말라고 해도 주머니에 있는 돈까지 다 털어서 헌금하게 되는 것이다. 그것을 바꾸어 나가라. 그러면 하나님께서 우리를 훌륭한 교사로 만들어 가실 것이다.

성경공부 이렇게 해보라

"모든 성경은 하나님의 감동으로 된 것으로 교훈과 책망과 바르게 함과 의로 교육하기에 유익하니"(딤후 3:16) 꽃병같이 입구가 좁은 병이 많이 세워져 있는데 거기에 물을 뿌렸다고 해보자. 그러면 겉에는 물이 묻을지 몰라도 안으로 들어가게 하려면 주전자로 물을 넣어야 한다. 성경공부라고 하는 것이 바로 이런 작업이다.

그런데 우리 한국교회는 강단에서 나오는 설교를 가지고 모든 교인을 양육시키려고 하는 것이 잘못이다. 설교만 가지고 성도들이 자란다고 생각하지 마라. 콩나물처럼 물만 줘도 쑥쑥 자란다는 말도 의미있는 말

이다. "나는 심었고 아볼로는 물을 주었으되 자라게 하시는 이는 하나님이시니"라는 말씀이 있다. 그러나 심고 물을 주는 것은 우리가 해야 한다.

물을 주는 것이 바로 성경공부이다. 지도자나 교역자는 그룹별로 모여서 바로 그 작업을 해 나가야 한다. 한 사람씩 구체화시켜 나가야 한다. 이 작업이 안된 상태에서 믿음이 성장하고 변화되기를 바라는 것은 큰 잘못이다. 이 작업을 위해서 우리가 눈물로 기도했고, 몸부림 친 것이다.

성경공부가 되어지지 않는 교회는 성장이 되지 않고 매일 시험거리만 생긴다. 매일 직분의 높낮이만 따지고 있고 그리스도 안에서 겸손함으로 직분을 감당하지 못한다는 것이다. 물을 직접 따라 주어야 한다. 문제점을 찍어주고 '이런 것이 신앙적으로 잘못되었다, 이런 것을 잘못 이해하고 있다.' 라고 말해주어야 한다. 이런 것이 안되어 지면 목사님이 강대상에서 설교를 아무리 멋있게 외쳐도 들을 귀가 없는 것이다. 그 작업을 우리가 못하고 있다.

나는 욕심이 많은 사람이다. 찬양하는 것을 보면 찬양도 하고 싶고, 무엇이든 다 하고 싶다. 세상이 가진 모든 것들을 그들이 가진 것 이상으로 하나님께 승화시켜 나갈 때 하나님은 크게 기뻐하실 것이다.

성경의 시작은 창세기부터 시작된다. 성경은 총 66권인데 그 핵심은

말로 가르치지 말고 말씀으로 가르치라

바로 예수 그리스도이다. 성경 공부의 핵은 바로 예수 그리스도인 것이다. 그 예수 그리스도를 심어주는 것이 바로 성경 공부이다. 우리가 성경 말씀을 단지 읽는 것 또한 헬라어나 원어를 찾아 연구하는 이유가 바로 예수 그리스도를 올바로 가르치자는 것 때문이 아닌가?

성경은 창세기부터 요한계시록까지 있는데 구약은 예수 그리스도가 오실 것을 예언한 책이다. 신약은 예수 그리스도가 오신 후에 살아 계신 당시의 행적을 쓴 것과 사도들이 예수가 살아계실 때 쓴 것, 또한 다시 오실 예수에 대해 쓴 요한계시록으로 구성되어 있다. 이렇게 성경은 맥이 있다. 부분적으로 보면 안 된다. 성경 전체는 예수에 대한 것이 전부다.

즉 성경의 중심은 예수 그리스도이다. 예수가 중심이 되어 있다. 아브라함 이야기가 나오면 아브라함을 예수와 연관 시켜야 한다. 다윗, 솔로몬 등 모든 사람이 예수 그리스도와 연관된다. 아브라함과 다윗, 예수 그리스도의 세계인 것이다. 믿음의 조상 아브라함의 믿음은 예수 그리스도를 탄생시킨 믿음이라고 연관시켜야 하는데 우리는 부분적인 한 구절만을 가르치다 보니까 해석이 잘못되어진다.

성경이 말하고 있는 예수를 빼면 공부가 되어지질 않는다. 성경 구절을 아무리 많이 외워도 능력이 없는 것이다. 우리가 하고 있는 분반 공부, 계단 공과도 다 이런 식이다. 그래서 계단 공과가 잘못되면 올라가

오직 예수(Only Jesus)로 가르치라

다가 끝이 난다. 예수까지 올라가지 못하고 옛날이야기만 하다가 끝이 나고 마는 것이다.

그 안에는 예수가 없다. 성경의 중심은 예수 그리스도이고, 성경 66권의 모든 이야기가 예수 그리스도이다. 다 아는 이야기 같지만 실제로 우리는 이렇게 가르치지 않고 있는 것이 문제다. 예수가 능력임을 가르치라. 예수 그리스도를 통해서 해석을 하면 그 말씀에 능력이 나타난다. 기도의 능력이 생기고 찬양할 때도 능력이 생기는 것이다.

하나님의 감동으로 된 책을 우리 인간의 이성으로 이해하려고 하니까 공부가 되어지지 않는다. 귀에는 들리지만 무슨 말인지 이해가 가지 않는 것이다. 하나님의 감동으로 쓰여진 책을 하나님의 감동으로 받기 위해서 하나님을 찬양해야 한다. 찬양이 없이 성경공부를 시작하면 헛된 일이다.

그분을 찬양하라. 찬양을 해도 구체적으로 하라. 형식적으로 찬양 한 곡 하고 성경 공부를 시작하는 것에 그치면 안된다. 은혜받을 상태가 되어지지 않으면 성경공부가 안 된다. 성령께서 역사하실 때까지 하라. 그 다음에 통성으로 함께 기도해야 한다. 그 다음에 성경공부로 들어가라. 성경공부의 가장 중심인 예수 그리스도를 배우는 성경공부에서 가장 중심이 되는 나의 마음은 무엇이겠는가? 그것은 바로 '하나님이 날 사랑하신다'라는 마음가짐이다. 이것이 나의 중심이 되어야 한다. 그러

말로 가르치지 말고 말씀으로 가르치라

면 성경 말씀 모든 것이 날 사랑해서 주신 것이고 예수님도 날 사랑해서 주신 것이고, 모든 성경 구절이 날 사랑해서 주신 것이라는 확신을 심어 주어야 한다.

성경공부의 목적은 성경 66권을 읽는 것이 목적이 아니다. 몇 번 읽은 것도 중요하다. 그러나 성경 속에서 하나님이 정말 나를 사랑하신다는 것을 체험하고 느끼지 못한다면 읽으나 마나 소용이 없다. 소설책 읽듯이 읽어서 무엇하겠는가? 알려고 읽는 것이 아니고 은혜 받기 위해서 읽는 것이다. 보여서 믿는 것이 아니고 믿어야 보인다. 들려서 듣는 것이 아니고 믿어야 들린다.

은혜가 무엇인가? 내가 받을 수 없는 중에 받은 것이 은혜요, 하나님이 날 사랑한다는 것이다. 이 고백을 받아내는 것이 성경 공부의 목적이고 핵심이다. 이런 목적으로 성경공부를 해야 한다. 그러므로 아이들과 함께 성경 공부할 때는 쓸데없이 장난하면 안 된다. 이것은 정말 생명의 말씀이라고 하나님이 어린 심령을 사랑하셨다고 설교하기 보다 그런 고백이 되어지게끔 그들을 이끌어 나가야 한다.

성경공부를 위한 공부를 위한 공부를 하지 말고 신앙생활이 무엇인가를 가르치라.

오직 예수(Only Jesus)로 가르치라

오직 예수로 가르치라

믿음이 전제된 것이 신앙생활이다. 믿음을 초월해서는 아무 것도 안된다. 믿음으로 모든 것이 되어진다. 하나님은 불의를 용납하지 않으신다. 하나님은 하나님의 아들을 죽여서까지도 불의를 용납하지 않으셨다. 인간 스스로 죄문제를 해결할 수 없었기 때문에 예수가 우리를 위하여 대속하신 것이다.

인간은 불의를 용납한다. 죄를 대속할 수 없기에 용납한다. 돼지는 돼지끼리 놀고 개는 개끼리 논다. 인간은 모두 불의하기에 불의를 용납한다.

그러나 하나님은 절대로 불의를 용납하지 않으신다. 예수는 죄를 용납하신 것이 아닌 죄를 대속하신 것이다. 히 9:22 "피흘림이 없이는 사함이 없다"하시는 것과 같이 죄는 묵인되는 것이 아니다.

하나님의 아들도 죽어야 할만큼 치명적인 것이 죄다. 그러므로 성경은 죄사함과 피흘림을 동등하게 다루고 있다. 피는 생명이다. 예수는 인간의 모든 근심, 염려, 죄짓는 본성을 대속하시고 죽으셨다. 이제는 죄 때문에 지옥 갈 사람은 아무도 없다. 다만 믿지 않기 때문에 그 불신앙으로 지옥에 간다. 죄를 대속하신 하나님을 믿지 않기 때문이다.

그러므로 그런 믿음을 갖기 위해서 계속해서 말씀을 듣는 것이다. 믿지 않는 자는 하나님과 원수된 자요, 하나님을 아는 것 그것이 바로 믿

음이다. 예수님을 믿고 예수를 닮아 가려고 하는 사람들은 말씀 한마디 한마디를 들을 때마다 '아멘'으로 화답하며 그 믿음을 키워 나간다.

예수 믿어야 구원받는다. 예수가 하신 일은 하나님의 일이었다. 기독교는 수양하는 장소가 아니다. 하나님의 일을 하시는 분 예수! 그 분을 믿는 것이다.

예수 믿는 것은 일종의 자기 극기가 아니다. 그것은 믿음이다. 예수를 믿어야 한다. 그의 공로를 힘입어야 한다. 극기하거나 극복하려 하지 말고 그 분의 공로를 힘입어야 한다.

오직 예수로 가르치라!!

16

설교! 이렇게 해보라

세계를 움직인 설교자들 중 많은 수가 어린이 설교의 경험을 갖고 있다. 요한 웨슬레, 요나단 에드워드, 무디, 스펄조 기타 많은 사람들이다.

무디 선생이 한번은 집회가 끝나고 관계자들에게 "오늘은 2명반이 회개했다"라고 말했다. 그러자 옆에 있던 사람이 "2명이면 2명이고 3명이면 3명이지 2명반은 무슨 일인가요? 어른 2명에 어린이 1명이 회개했다는 말입니까?"라고 물었다고 한다.

그러자 무디 선생은 "아니오 오늘은 어른 1명에 어린이 2명이 회개했다오"하고 대답했다는 것이다. 어린이들을 향한 설교 그것이 얼마나 중요한 것인가를 단적으로 보여주는 말이다.

"선생님! 다음주 오후에 설교하세요" "전도사님 준비가 안되었는데

요” “지금부터 준비하세요” “그러면 전도사님 설교 자료좀 주세요”

흔히 교회학교에서 일상적으로 오고가는 말이다.

전도사님은 될 수 있으면 설교를 짧게 하라고 하고 준비를 잘하지 못한 선생님은 예화 한편을 채 소화시키기도 전에 설교를 마쳐야 하고 하나님의 말씀을 전했는지 한편의 짧은 동화를 들려주었는지 분간을 못한다. 단지 1주일에 한 번 들을 수 있는 이 귀중한 시간이 때우기 식의 형식으로 한 주씩을 거쳐 1년이 되고 어린이들은 성장을 한다.

설교를 잘한다고 하는 사람들은 강단에서 온갖 제스츄어를 쓰고 성대묘사를 하면서 어린이들을 사로잡지만, 진정한 기능은 있어도 그 속에 하나님의 말씀이 없는 것이 문제인 것이다.

내가 초등학교 다닐 때 학교에서 건강을 위한 회충약을 주었다. 자그마치 그 알약의 숫자는 약 50알 이었다. 그것을 먹는 것이 얼마나 큰 고통인지 지금도 기억이 생생하다. 그러나 요즈음은 단 한 알 그것도 겉에는 맛있는 사탕처럼 싸고 있기에 약이 아닌 사탕처럼 자연스럽게 먹을 수 있고 그 효과는 굉장하다.

마찬가지로 우리의 어린이들을 향한 설교에 있어서 중요한 것은 겉에 싸고 있는 달콤한 예화나 이야기가 아닌 그 안에 있는 진정한 하나님의 말씀이다.

여기서 기억해야 할 것은 어린이 설교도 한편의 완전한 설교이기 때

문에 준비하는 자는 형식이 아닌 장년 설교보다 몇 배의 노력과 기도가 있어야 한다는 것이다.

설교란 무엇인가?

첫째, 설교는 소개함이다.

설교는 먼저 온 천지를 창조하셨고 주관하시는 그리고 구원하시는 하나님을 소개해야 한다. 이 하나님은 온 인류의 아버지로써 우리들의 부모를 낳아 주셨고 온 인류에게 생명을 주신 분을 알려야 한다.

그리고 하나님의 독생자인 예수 그리스도를 소개해야 한다. 그가 십자가에서 죽으심으로 말미암아 우리를 위한 제물이 되셨고 죄를 용서함으로 하나님과 화목케 하셨으니 그를 믿기만 하면 멸망치 않고 영생을 얻을 수 있음을 소개하여야 한다.

또한 성령을 소개한다. 성령은 우리 속에서 지금도 살아서 역사하시며 하나님의 나라 건설을 위한 사명을 감당하심을 가르쳐야 한다.

둘째, 성경을 바로 가르치며 행동으로 실천하게 한다.

성경이란 성령의 감동으로 쓰여진 책으로 성경을 통해 우리의 바른 삶의 길을 갈 수 있음을 소개하며 그렇게 하기 위해 말씀을 실천하고 우리들은 최선을 다하여 하나님께 맡겨야 한다고 소개한다. 악의 세력이 우리를 둘러싸고 죄의 사슬에 묶여 종노릇하고 있는 우리가 예수 그

설교 이렇게 해보라

리스도의 이름을 믿는 믿음안에서 해방을 받고 구출되어 기쁨으로 이루어지는 삶의 실천이 있어야 한다는 진리를 가르친다.

"주여 주여 부르는 사람이 다 천국에 들어갈 것이 아니라 하나님의 말씀을 행하는 사람이 천국에 들어간다."(마 7:21)는 말씀과도 같이 설교에 주어진 본문의 말씀을 전달함에 있어 위에서 언급한 가장 핵심적인 진리의 눈을 통해 하나님의 말씀을 바로 소개하고 그렇게 살도록 해야 한다.

셋째, 교사는 말씀표현에 모델이 되어야 한다.

교사는 입으로만 하는 이론가는 아니다. 생활을 통한 모범이 되어야 한다. 바울사도는 "그러므로 사랑을 입은 자녀같이 너희는 하나님을 본받는 자가 되고 그리스도께서 너희를 사랑한 것 같이 너희도 사랑 가운데서 행하라"(엡 5:1-2) 교사는 이렇게 하기 위해 하나님의 말씀을 제대로 깨달아 하나님께서 말씀하려는 참뜻을 전해야 하다. 잘 전하기 위해 부단히 기도하므로 하나님의 진리와 능력과 계시를 받게 되고 나를 반성케 되고 성령을 받는 길은 기도 외에는 되어질 수가 없다.

곡식에도 새싹이 있듯 믿음에도 영아의 믿음이 있다. 학교에도 시험이 있고 어린이가 장성함에도 각가지의 질병과 시련이 있듯이 믿음이 자라는데도 뜻하지 않는 시련이 육체적으로 심리적으로 침입을 하게 된다. 그것을 기도함으로 성령의 도우심을 얻어 이기고 영적 장성을 이룩

말로 가르치지 말고 말씀으로 가르치라

하게 된다. 시련을 많이 극복할수록 할 말이 많고 권위가 서게 되고 확신을 갖게 된다.

넷째, 설교자는 실력을 잘 다듬을 줄 알아야 한다. 음성이 똑바르고 강약에 조화가 되고 천천히 바른 의사를 표현하며, 설명하려는 의사를 확실하게 고백하는데 신경을 써야 한다. 어린이 설교에서는 강대상 위로 가급적이면 몸이 많이 대중에게 보이는 것이 좋다. 즉 가만히 서서 말씀을 전하기보다는 적절한 행동을 보이면서 표현해야 한다.

얼굴은 아이들에게 친절감을 주기 위해 항상 웃는 인상이 좋으며 지나치게 과격한 행동으로 어린이들로 하여금 불안감이나 공포심을 자아내서도 안된다. 그리고, 설교자는 사실을 말해야지 과장이나 거짓을 말해서는 안된다.

"나는 누가 좋은 마음을 품었는지 나쁜 마음을 품었는지 다 알고 있다"는 말이나 "내 뒤에는 눈이 있기 때문에 누가 떠들고 있는 것을 잘 알고 있다"는 등 "떠들면 지옥간다"는 식의 과장된 거짓을 이야기해서는 안된다.

설교자는 높은 강대에서 아이들이 떠든다고 화를 내고 강대를 탁탁치면서 벌을 준다든지, 즉 자기가 설교를 제대로 기도하면서 준비하지를 못해 아이들이 떠든다는 것을 깨닫지 못하고 오히려 책임을 전가하려는 듯한 말과 언행으로 설교를 망쳐서는 절대로 안된다. 이런 행동은 어린

이의 영혼을 무시하는 일이고, 어린이의 영혼을 실족시키는 일이다. 어린이 설교는 이를 명심하여 잘 준비하고, 좋은 내용의 설교로 어린이의 영혼을 구원하는 일에 힘써야 할 것이다.

설교자의 자격

대부분 어린이 설교라 하면 청중이 적고, 시간이 짧고, 언어표현이 쉽고, 내용이 재미있어야 한다는 점만 생각한 나머지 사전에 준비도 별로 없이 성경 한 구절이나 예화 하나를 정해놓고 적당히 때우려고 한다. 이런 설교자들이 많으면 많을수록 한국교회의 어린이들은 영적으로 고갈 상태에 빠질 것이며, 더 나아가서는 한국 교회의 강단에 심각한 문제를 야기시킬 것이다.

설교자는 설교자로서 가져야 할 기본적인 자격이 있다. 먼저 예수를 구주로 믿으며 하나님과의 인격적 관계를 맺고 성경에 계시된 하나님의 말씀대로 사는 구원의 확신이 있는 자라야 한다. 그리고 성경을 꾸준히 읽고 기초적인 기독교적인 교리가 서 있는 사람 즉 신학교육을 받은 전문가가 하여야 한다.

설교자의 역할은 마치 수도 파이프와 같아서 깨끗한 물을 공급하려면 파이프가 깨끗해야 한다. 아무리 좋은 물이라 하더라도 파이프 자체가 더럽다거나 이상이 있다면 좋은 물을 공급할 수 없는 것이다.

설교자는 깨끗한 파이프 즉 중생한 체험이 있는 자 이어야 한다. 십자
가의 구속의 은총 다시 말해서 십자가에 못 박혀 죽은 예수 그리스도를
전파할 수 잇는 자격자는 십자가에 못 박혀 그리스도와 함께 죽을 자,
그래서 이제는 내 안에 계신 그리스도와 함께 삶을 고백하는 자에게서
만이 십자가의 구속의 은총을 전달할 수가 있다.

이런 설교를 준비함에 있어 진정한 설교자의 자격자는 기도하는 사람
이다. 기도하지 않고 강대에 섰을 때 어쩌면 어린이들이 그렇게도 먼저
알던지 강단에 끓어 회개한 적이 한 두 번이 아니었다.

이처럼 설교자에 있어서 기도는 필수적이다. 기도는 인간의 입에서
나가는 말을 하나님의 말로 변화시키는 것이다. 그 말에 능력을 덧입히
는 것이다. 뿐만 아니라, 어린이들의 마음을 감동시키는 결정적인 역할
을 한다. 기도가 수반되지 않은 설교는 어린이들의 귀를 즐겁게 해주고,
그들의 마음을 기쁘게 하고, 신앙의 지식을 높일 수는 있지만 진정한 신
앙의 열매를 맺게 할 수는 없다.

설교를 듣는 어린이들의 삶에 변화가 오게 하기 위하여 설교자는 기
도의 사람이어야 한다. 기도하지 않는다면 그는 그가 맡은 사명을 결코
감당할 수 없다. 만일 당신이 전도자로서 기도의 사람이 되지 못한다면
당신은 비참하게 될 것이다.

설교의 재료

학용품을 사려면 문방구에 가야지 채소 가게에 가서 학용품을 살수는 없다. 지혜를 얻으려고 하는 사람이 명철한 자에게 가야 하는데 거기에 안가고 엉뚱한 곳에 가서 지혜를 찾으려는 자는 얼마나 미련한가 설교의 자료는 성경본문에서 찾아야 한다. 설교를 준비하는 자는 설교의 자료가 성경 본문에 있음을 명심해야 한다. 성경본문에 가야만 설교자료를 구할 수 있다. 우리는 설교자료를 구할 수 있는 성경 본문에 가지 않고 설교자료를 줄 수 없는 엉뚱한 곳을 헤매는 불쌍한 사람이 되어서는 안된다.

설교의 자료를 찾는 자 그는 성경본문으로 가야 한다. 성경의 주된 재료가 성경에 있는 이유는 성경은 하나님의 계시의 장으로서 성경을 통하여 자기 자신의 계획과 섭리를 계시해 주신다. 성경 외에는 하나님의 구원 계획을 철저히 기록해 놓은 책은 없다.

그러므로 인간을 구원하기 위한 설교는 당연히 성경에서 본문을 찾고 예화도 성경에서 찾아야 한다. 성경은 사람을 중생케 하는 것으로서 인간을 거듭나게 하는 역사가 있기 때문이다. 하나님의 말씀을 통해서만이 우리의 심령을 변화시키고 새로운 삶으로 살게 하기에 성경만이 주된 자료가 된다.

성경은 또한 새 생명을 양육시키고 성장시킨다. 새롭게 중생한 심령

은 하나님의 영의 말씀을 먹어야 만이 살 수 있고 성장할 수가 있다. "갓
난아이들같이 순전하고 신령한 젖을 사모하라 이는 이로 말미암아 너희
로 구원에 이르도록 자라게 하려 함이라."(벧전 2:22)

성경만이 영의 양식을 제공한다. 마지막으로 성경은 모든 시대와 상
황을 판단하는 가치의 기준이 된다. 시대마다 흐르는 사상은 각 시대에
따라 다를 수가 있다. 그러나 성경은 모든 사상에 있어서 지침서가 된다.
즉 그 시대를 올바른 쪽으로 인도하는 나침반의 역할을 하기 때문이다.
지금까지에서 설교의 자료는 성경이라는 텍스트가 자료가 되어야지 우
리의 살아가는 삶의 정황인 콘텍스트가 재료가 되어서는 안될 것이다.

설교의 시간

어린이 설교의 시간은 어린이의 연령에 따라서 조절해야 한다. 이 시
간은 예배의 성격이나 장소에 따라서 조정될 수도 있지만 대략 10분 정
도에서 설교를 준비함이 좋다. 그래서 10분이라는 시간 안에 모든 것을
해야 하기에 설교자는 언제나 설교 원고를 작성하여 주변의 환경 때문
에 말이 다른 쪽으로 빠지지 않도록 주의해야 한다.

구체적으로 시간을 정한다면 유치부는 5-7분 정도가 적당하다. 즉 유
치부 어린이들은 모든 사건을 열거해서 이해하지 못하기에 단순한 종교
적인 개념들을 형식적으로 가르쳐야 한다.

설교 이렇게 해보라

　유년부 어린이들은 8-10분 정도가 적당하다. 이들은 말씀의 의미를 깨달을 수 있는 연령이기에 그들에게는 성경의 숨겨진 의미보다는 내용 자체를 전해주고, 오래도록 기억하도록 하면 된다.

　초등부 어린이들을 위한 설교는 10-15분 정도가 적당하다. 이들은 설교가 무엇인지, 하나님의 말씀의 의미가 무엇인지 깨달을 수 있는 충분한 연령이기 때문이다. 이렇게 생각해 볼 때 주어진 시간 안에 모든 것을 전해야 하는 어린이 설교는 어렵고 많은 노력과 기도가 있어야 한다.

　지금까지 여러 가지 이야기를 열거했다. 여기서 설교자로서의 우리는 먼저 자신이 하나님 앞에서 올바로 서 있는가를 살펴보아야 한다.

　어린이들에게 있어 설교는 절대적이다. 그들이 신앙생활을 해나가고 영적인 성숙을 가져오는데는 설교가 절대적이다. 지금의 시대는 양식이 없어 주리거나 갈하지도 않고 있다. 이 세상은 하나님의 진리의 말씀이 없어 주려 있고 목말라 있다. 어린이를 위한 다른 프로그램을 준비하는 것만큼 설교자들이 설교에 관심을 갖고 있다면 한국교회의 어린이들의 많은 변화가 있을 것이다.

17

분반공부는 이렇게 하라

교회를 나가 일상생활에서도 올바르게 행동하게 하려면 분반 공부는 하나님의 말씀인 성경에 기초를 두어야만 한다.

좋은 교사는 학생의 필요성을 알고, 이 결점을 채워줄 수 있는 방법을 가르치며 성경을 이것들과 관련시킬 수 있는 사람이다. 그러기 위해서 학생들이 실천하면서 배울 수 있도록 교사는 성경의 진리를 통해서 성령님께 맡기고 가르쳐야 한다.

이런 우스개 소리가 있다. 어느 교회학교 어린이들이 예배를 마치고서 뿔뿔이 흩어져서 반별로 분반공부를 시작했다. 교회학교가 양적으로 부흥이 된다는 소문에 교회 담임목사님은 분반공부를 하는 것을 바라보면서 입가에 웃음을 떨쳐버릴 수가 없었다.

마침 옆에 5학년 1반의 분반공부가 진지하게 진행됨을 보고서 목사님

은 잠시 중단시키시고 어느 한 어린이에게 이렇게 물었다.

"너는 여리고성을 누가 무너뜨렸는지 아니?" 그때 어린이는 대답하기를 "제가 무너뜨리지 않았어요."라고 대답하는 것이었다.

목사님은 이 어린이가 잘못 들었나보다 하고 다시 한번 똑같이 물어보았다. 그랬더니 그 어린이는 울면서 '목사님 제가 무너뜨리지 않았단 말예요.' 하면서 그 자리를 박차고 밖으로 나가는 것이었다.

목사님은 하도 어이도 없고 이상해서 담임 선생님에게 아니 왜 저 어린이는 여리고성을 누가 무너뜨렸느냐고 묻는데 왜 저러지? 라고 물었더니 선생님 왈 "그 말은 사실이죠 저 어린이가 여리고성을 절대 무너뜨리지 않았거든요."하는 것이었다.

분반공부 이것은 예배의 순서 중 어느 한 부분이 아니다. 이 시간은 무엇보다도 중요하고도 귀중한 시간이다. 그런데 대부분의 교회에서는 때우기식의 분반공부를 하다보니 진정한 성경적인 지식을 가르치지 못하는 교회들이 있다.

하나님의 지식은 지혜를 만든다. '성경만 가르친다고 해결됩니까? 생활이 중요하죠' 하면서 도덕적, 윤리적인 관점에서만 분반공부를 지도하는 교사가 간혹 있다. 그것도 중요하다 그러나 더욱 중요한 것은 하나님에 대한 지식을 터득함이다.

하나님께서 무엇이라 말씀했고 어떻게 가르쳤으며, 이스라엘 백성들

말로 가르치지 말고 말씀으로 가르치라

은 어떠한 신앙의 단계를 거쳤는가 라는 구체적인 지식의 교육을 해야 한다. 즉 지식이란 과거의 것을 배우는 것이지만 이러한 지식을 통해서 우리의 미래를 설계하는 지혜가 나올 수 있다. 지식이 없이 올바른 하나님의 어린이로써 생황을 할 수 없고 강요에 의한 생활의 실천은 단지 도덕, 윤리적인 세상적인 차원에만 머물게 할뿐이다. 진정한 하나님의 지식을 어린이들이 미래를 살 수 있는 지혜를 만든다.

기독교는 어려움을 없애는 종교가 아니고 어려움을 신앙으로 극복해 나가는 종교이다. 신앙으로 극복함이 지혜인데 그 지혜는 지식으로부터 나오기 때문이다. 올바른 그리스도인의 삶을 위해 올바른 성경의 바른 지식 교육이 필요하다. 성경은 필요성을 채워준다. 성경을 가르침에 있어서 모든 것은 성령님께 맡기고 해야 한다.

그리고 성경을 사실적인 근거에서만 열심히 연구해서 공과를 깨닫는 사람은 우리는 공과를 가르치는 것이 아니라 학생을 가르친다라는 말들을 한다. 여기서 우리가 알아야 할 것을 단순히 학생만 가르친다는 것은 공과만 가르친다는 말과 같이 잘못된 것이다. 우리는 각 어린 심령들을 진리의 빛 속에서 도와야 하며 그리스도인으로서 우리의 진리는 하나님의 말씀이라는 것을 믿도록 가르쳐야 한다.

디모데후서 3:14-17에서 하나님의 진리를 각 사람에게 가르쳐야 함과 그 가르침으로 인해 그 생활이 하나님의 계시의 빛에 의해서 변화되

어야 하는 두 면을 강조하고 있다. 가르침의 문제들에 대한 해결책은 하나님의 말씀을 목적있게 지적으로 사용하는데 있다.

무엇보다도 먼저 우리는 성서가 각 사람들의 필요한 면들을 채워주기 위해 쓰여졌다는 것을 확실히 깨달아야 한다. 하나님이 원하는 사람들이 되도록 우리가 다른 사람을 도와주려면 우리는 성경을 매력적이고도 지적으로 학생들에게 가르쳐 주어야 한다. 그리고 성경이 학생들에게 요구하는 생활이 무엇인가를 알도록 학생들을 도와주어야 한다.

요구를 채워주기 위해서 가르치라.

그 반에 공통되는 필요성을 다루며 성서적인 해결을 찾기 위해 진행할 때 그 공과는 재미있는 공과가 될 수 있다.

먼저 개인의 문제를 자연스런 대화로 끌어내며 시작한다. 학생들이 갖고 있는 질문(의문점)들을 던지면서 그 반을 시작하거나, 고무적인 흥미점을 물어보거나, 의문을 자아내는 실물을 내보인다던가 교사 자신이 당면한 필요성들을 소개하면서 공부를 시작하며 자극하여야 한다.

마음에 감동을 주라

좋은 가르침은 내적 생활까지 미친다. 당신의 학생들이 놀이터에서 그들의 친구들과 잘 어울릴 때 그들에 행위를 보고 그들이 과연 성경을

말로 가르치지 말고 말씀으로 가르치라

통한 훈련을 받았는가를 알 수 있다. 학생들에게 이삭의 아들은 누구였으며, 노아가 며칠동안 방주 속에 있었는가를 알 수 있도록 하는 지식의 교육이 먼저 있어야 한다.

그리고 나서 이 공과가 나의 학생들을 위해 무엇을 하고 있는가를 교사 자신에게 물어서 학생들에게 설명하여야 한다.

진리를 각 개인에게 적용시키라

각 개인 누구를 지적하는 것보다 학생들이 그것은 나야 라고 말할 수 있게 하기 위하여 성경에 대한 이야기를 하여야 한다. 그룹이 모여 있을 때에도 각 개인을 향해 가르쳐야 한다.

하나님의 사랑을 어린이들에게 이해시키기 위해서 우리는 우리를 향한 하나님의 사랑을 강하고 사랑스러운 지상의 아버지와 비교할 수 있어야 한다. 그러나 그 학생의 아버지가 자기 식구들에게 대해서 잔악한 경우에 그 예화는 이해하기 힘든 것이 된다. 이런 경우에는 예화를 바꾸어야 한다.

결과는 하나님께 맡기라.

우리가 아무리 최선을 다한다고 해도 성령의 역사가 있어야 한다. 우리는 공과 준비를 할 때 성령님의 인도하심에 따라야만 한다. 인간 도구

분반공부는 이렇게 하라

인 교사를 통해 일하시는 성령님만이 하나님의 말씀을 살아 약동하게
해준다.

성령님은 우리의 인격 깊은 곳에서 우리의 영과 가깝게 지내시며 일
하시길 바라고 계신다. 이 일은 다만 교사 자신이 성령을 쫓아 행하기를
원할 때 이루어질 수 없는 것이다. 자아의 생활이 성령의 충만한 생활로
대치가 되고, 교사의 생활속에 그리스도가 살아계신 것을 학생들이 볼
때 그 학생이 하나님께 가까이 갈 수 있게 되며 우리가 그와 같은 생활
을 살아갈 때 성령님께서 우리의 노력을 도와주시는 영광을 차지하게
되는 것이다.

가. 당신의 공과는 예수 그리스도를 소개해야 한다.

가. 당신의 공과는 생활을 변화시키고 개인의 요구를 충족시키는 하
나님의 말씀의 위치를 깨닫게 해야 한다.

가. 학생들의 행동의 결과를 위해 성령님게 모든 것을 맡겨야 한다.

18
율동지도는 이렇게 하라

일반적인 의미에 있어서 율동이란 우리의 신체를 움직여서 여러 가지 동작을 연출해 내는 것이라 하겠지만 교회학교에 있어서 율동이란 찬송 또는 노래와 함께 여러 가지 표현을 연출해 냄으로써 어린이들로 하여금 좀더 효과적으로 복음에 접근하게 하는데 그 목적이 있다고 하겠다. 그러나 교회학교 프로그램에 있어서 율동이 그 목적 자체가 되어서는 안되겠다.

어느 교회에서는 예배는 10분 드리고 분반공부는 10분 하면서 율동을 30분 이상씩 하는 경우를 보는데 이것은 참으로 위험하다고 생각한다. 아무튼 아이들을 집중시키고 교사와 아이들이 쉽게 친해지고 교회학교 아이들끼리 친목할 수 있다는 점에서는 훌륭한 방법이라 생각한다.

율동교사의 자격

(1) 손이 깨끗한 자

물론 여기서 말하는 (손)은 우리의 마음의 손을 가르치고 있다. 우리의 마음이 깨끗해야 율동을 가르칠 수 있다.

사실상 교회에서 아이들에게 율동을 가르칠 때에 대부분의 표현을 손으로 한다. 그런 의미에서 율동을 가르치는 우리들의 손이 깨끗하여야 한다. 하나님과 어린이들 앞에서 떳떳하여야 한다. 그렇지 못할 경우 찬송 율동을 가르치는 우리들의 모습은 힘을 잃고 만다. 무엇보다 건강한 손이 있음을 감사하여야 한다.

(2) 늘 준비하는 자

율동은 그냥 얻어지는 것이 아니라 끊임없이 연구하고 창작하며 그 많은 표현들을 찾아내는 작업이 필요하다. 특별히 교회 내에서의 율동이 찬송에 맞추는 것이므로 경건한 표현을 찾아내는 것이 참으로 중요하다.

어떤 교사는 흥미 위주의 율동을 찾기 위해 텔레비전 등에서 그 소재를 채우려고 쇼프로그램을 관심있게 보는 경우도 있다. 그러나 이것은 대단히 위험한 경우이다. 우리는 거의 모든 표현을 성경 안에서 찾아야 한다고 생각한다. 나머지는 우리의 일상생활 속에서도 그 소재를 찾아야 한다. 성경을 많이 읽음으로써 성경 속에서 움직이는 사람들을 연관

시켜서 그것을 예쁘게 확대 발전시켜 표현하여야 하겠다.

(3) 성령 충만한 자

율동을 가르친다는 것을 일종의 오락 같은 것으로 착각해서는 안되겠다. 우리들의 움직이는 손을 따라 아이들이 움직이고 그 표현 속에서 무의식중에 성장하고 있음을 생각할 때 우리들의 율동이 아이들의 신앙생활에 미치는 영향을 무시할 수 없는 것이다.

생각해 보자 성령충만한 얼굴로 복음찬송의 은혜 넘치는 곡과 가사에 따라 반짝이는 두 눈에 뜨거운 눈물이 글썽거리며 힘있게 움직이는 우리들의 모습 속에서 우리 교회학교 어린이들이 주님 앞에 받을 은혜는 크다고 생각한다. 어떤 의미에 있어서는 설교자 이상으로 기도하고 말씀으로 무장하여 준비하여야 한다.

율동을 가르칠 때

(1) 자신감을 가져야 한다.

어떤 교사는 자신은 선천적으로 내성적이라 율동교사로서의 자격이 없다고 생각한다. 그렇지 않다. 주님은 우리의 성격까지도 변화시켜 주신다고 굳게 믿어라. 그러므로 어린이들 앞에 나갈 때는 자신감을 가지길 바란다. 짓궂은 어린이는 가르치는 도중이라도 장난을 치거나 분위기를 흐트려 놓는 경우가 있다. 절대 이런 상황이라도 당황해서는 안된

다. 침착하게 그런 상황도 미리 생각하고 잘 대처해 나가야 할 것이다.

(2) 겸손한 자세가 있어야 한다.

자심감을 갖는 것도 중요하지만 겸손은 더욱 중요하다. 오히려 동료 교사들에게 상처를 주면서까지 막무가내로 혼자 나가서 다 해 버리는 교사도 있다. 이는 바람직하지 못하다. 오히려 자기보다 동료 교사에게 양보하는 자세를 가져야 하겠다.

아이들 앞에 나가서도 아이들에게 군림하는 위협적인 자세는 버려야 한다. 오히려 어린이들을 섬기는 자세가 필요하다. 절대로 무안을 주는 일이 없어야 하겠다. 율동을 할 때는 흔히 즐겁고 분위기가 공중에 뜨기 마련인데 이러다 보면 말도 함부로 하게 될 때가 있다. 입에 자갈을 물고 될 수 있는 대로 잔소리는 하지 않는 것이 중요하다. 지나친 농담도 금물이다.

(3) 동료교사들과 호흡을 맞춰야 한다.

모든 교사들과 보조를 같이 하면서 특별히 반주하는 교사와 악보 차트를 다루는 교사와는 손발이 착착 맞아야 한다. 율동시간 전에 셋이 모여 무슨 곡을 할 것인가를 결정하고 아이들이 떠들 수 있는 시간을 주지 말아야 하겠다.

(4) 지나친 동작은 삼가하여야 한다.

여러분이 가르치는 대상은 어린이들이라는 사실을 명심하여야 한다.

지나치게 어렵다거나 복잡한 모션은 아이들이 따라가기가 매우 어렵다. 그리고 오버액션은 금물이다. 지나치게 흔든다거나 움직이면 오히려 보는 이들로 하여금 혐오감을 느끼게 할 것이다.

(5) 단정한 복장을 하여야 한다.

남자선생님의 경우는 될 수 있는 대로 정장을 하는 것이 좋겠다. 그러나 준비가 여의치 못할 경우라면 될 수 있는 대로 안정하게 준비하여야 한다. 남교사인 경우는 별로 문제가 되지 않지만 여교사일 때 더욱 주의를 요구하는 바이다.

조금은 잔소리 같지만 머리는 반드시 묶든가 핀을 사용하여야 하며 의상도 너무 화려한 인상을 주면 안된다. 악세사리를 너무 많이 부착하므로 아이들의 시선을 그 부착물에 끌게 해서는 안된다. 아무리 무더운 여름철이라도 반드시 양말을 신고 샌달 같은 것을 끌고 나와서는 안되겠다. 될 수 있는 대로 정장을 해야한다.

(6) 충분한 연습을 하여야 한다.

연습을 많이 한 교사 자신도 앞에 나가서 헤매는 경우를 본다. 본인은 혼자 연습할 때는 충분한 것 같아도 많은 어린이들 앞에 나가서 가르칠 때는 또 다르다. 자신은 다 알아도 일단 대중 앞에 서면 누구나 떨게 된다.

처음 남 앞에 설 때는 율동을 가르치면서 할 말도 원고에 써서 외워 가지고 나가면 더욱 좋겠다. 거울을 보고 혼자 연습을 하는 것도 좋은

●

방법이다.

길거리를 오고가면서도 오고가는 사람들의 움직임 심지어는 흔들리는 나뭇가지의 움직임까지도 주의 깊게 관찰한다면 좋은 자료를 얻을 수 있으리라 생각한다.

(7) 성실한 자세로 가르쳐야 한다.

일단 앞에 나가면 따뜻한 미소를 잃지 말아야 한다. 말 한마디 한마디를 사랑과 위로가 넘치게 하도록 하여야 한다. 그리고 율동을 가르치기 전 충분히 노래를 가르쳐 아이들이 완전히 곡과 가사를 익히도록 지도하여야 한다. 그렇지 못할 경우 아이들이 율동을 배우기 전에 찬송 율동에 대해서 흥미를 잃어버리기 쉽기 때문이다.

율동 창작

1) 성경과 율동

창세기부터 시작하여 요한계시록에 이르기까지 내용을 연구하면 훌륭한 율동을 창작할 수가 있다. 물론 모든 율동의 출발은 삼위일체 하나님부터 시작한다.

삼위 하나님(창 1:26)　　1. 성부 하나님

　　　　　　　　　　　　2. 성자 하나님

　　　　　　　　　　　　3. 성령 하나님

(1) 성부 하나님

(마 6:6)예수님께서 가르쳐 주신 (주기도문)에서도 보는 바와 같이 (하늘에 계신 우리 아버지여…)란 문장에서 보듯이 아버지 하나님은 하늘에 계심을 생각할 수 있다. 일일이 성경구절을 다 밝힐 수 없을 정도로 많이 나타나 있다. 그래서 이 (성부 하나님)에 대한 율동 창작을 두 손을 들어 하늘을 가르치는 모습으로 만들 수 있다. 하나님은 영이시기 때문에 여러 가지로 표현할 수가 없고 하늘에 계신 하나님을 가리키는 것으로 한다.

양손을 허리에 한 후 오른손은 펴서 올리고 다음 왼손을 올려 얼굴을 하늘로 향한다.

(2) 성자 하나님

이는 예수님을 가르친다. 예수님에 대한 율동 표현은 여러 가지가 있다. 왜냐하면 그만큼 이 세상에 오셔서 하신 사역이 많기 때문이다. 그러나 대표적인 표현을 생각해 본다면

가. 기도하시는 예수님

(마 26:36-46) 겟세마네 동산에서 얼굴을 땅에 대시고 간절히 하나님께 엎드려 기도하시는 예수님의 모습을 생각한다면 두 손을 모으신 예

율동지도는 이렇게 하라

수님을 상상할 수가 있다.

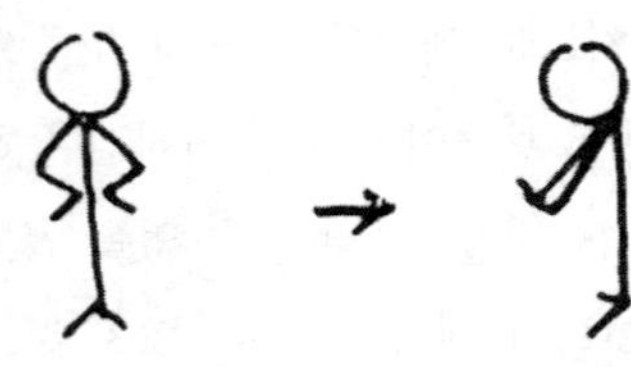

이 그림은 측면에서 본 것이다. 고개를 숙인 모습을 나타내기 위해 등허리 끝에서 고개를 떨구게 한다.

나. 사랑의 예수님

(마 18:1-10) 어린아이를 영접하시는 예수님의 모습속에서 어린이들을 품에 안으시고 축복하시는 인자하신 주님의 모습을 생각해 본다.

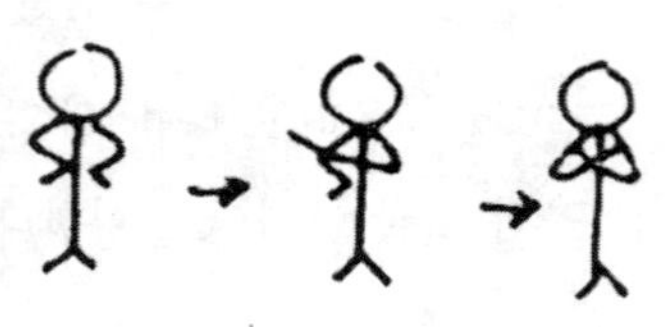

기본자세에서 먼저 오른손을 들어 가슴에 얹고 다음 왼손을 들어 가슴에 얹어 오른손과 왼손을 교차시킨다.

다. 진리의 예수님

(마 28:31-48) 한마디로 진리의 예수님은 씩씩하게 진군하시는 예수님의 모습을 연상하여야 한다. 예수님께서 심판주로 오실 때 마귀를 쳐 부수는 장면을 생각할 수 있다. 이 그림도 측면에서 본 것이다.

오른손을 먼저 들어 엄지손가락을 펴서 앞으로 하고 다음 왼손도 같이 하여 엄지를 편다.

라. 십자가를 지신 예수님

(마 27:32-44) 이 모습을 표현할 때는 얼굴의 표정도 진지하게 나타내야 한다. 고난의 예수님, 희생의 제물이신 예수님 등의 표현에 사용한다.

기본자세에서 오른손을 어깨 정도의 높이로 펴서 못박을 수 있는 정도로 손을 편다. 고개는 약간 왼쪽으로 기울이게 하여 힘들고 고통스러운 모습을 보여준다.

(3) 성령 하나님

성령은 어떠한 힘, 능력으로 이해해서는 안된다. 인격이신 살아계신 하나님인 것이다. 예수께서 승천하신 후 보혜사 성령께서 친히 우리를 찾아오셔서 우리를 인도하신다. 물론 구약시대부터 성령의 사역은 시작되나 그의 구체적 사역은 예수님 이후부터라 이해함이 좋겠다. 성령의 표현도 하나님과 같이 우리 눈에 볼 수 없으므로 한가지로 통일하면 좋겠다. 물론 사역의 형태가 다르므로 그때마다 약간의 조절도 가능하리라 본다.

성령도 하나님이시기 때문에 위치는 하나님과 똑같은 표현으로 하되

율동지도는 이렇게 하라

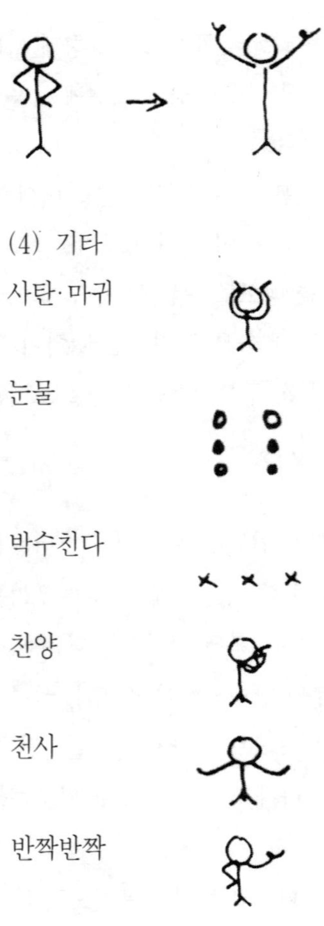

손목을 중심으로 흔든다. 우리의 심령을 움직이시고 감동시키시는 장면을 연출케 한다. 힘있고 생동감 넘치게 씩씩하게 표현하여야 한다.

(4) 기타

사탄·마귀   (머리에 뿔달린 것처럼 표현한다)

눈물   (약식표현으로 얼굴은 그리지 않고 눈물방울만 6개를 그려준다)

박수친다   (마찰음을 느끼게 하는 것으로 'X'표시를 3개 그려준다)

찬양   (두 손을 펴서 입가에 갖다 댄다)

천사   (손을 쭉 펴서 예쁘게 춤추는 모습을 한다)

반짝반짝   (오른손을 들어 손목 아래를 한 바퀴 돌린다)

말로 가르치지 말고 말씀으로 가르치라

기쁨		(오른손을 들어 손목 아래를 한 바퀴 돌린다)
매일매일		(손가락을 펴서 하나씩 접어가며 하루, 이틀, 사흘 표현한다)
만들다		(주먹을 쥐고 위, 아래에서 망치질하듯 예쁘게 두드린다)
죄악·쇠사슬 무거운 짐		(주먹을 쥐고 위로 올려 두 손을 교차시킨다)
이름		(이름표를 연상하여 손가락으로 직사각형을 표현한다)
교회		(손을 펴서 뾰족한 지붕모양을 만든다)
믿음		(기도하는 모습과 동일하다)
소망		(두 손을 펴서 턱 아래에 대고 얼굴은 하늘을 바라본다)
사랑		(하트 표시를 한다)
		(옆 사람 얼굴을 예쁘게 문질러준다)
겸손		(옷자락을 잡고 고개를 숙여 인

		사한다)
달려간다		(주먹을 불끈 쥐고 씩씩하고 힘차게 앞으로 나아가는 모습)
씩씩하게		(주먹을 쥐고 위 아래로 흔든다)
승리		(승리의 표시 V를 손가락으로 표현한다)
옆사람 손잡고		(손과 손이 붙잡은 모습)
흔들고		(그 손을 흔드는 모습)

2) 박자와 가사

율동을 만들 때 가사를 중심으로 만들 것인가 박자를 우선으로 할 것인가 고민에 빠질 때가 있는데 그 때는 물론 가사보다는 박자를 중심으로 하여 율동을 만들어야 하겠다. 율동의 기본 박자는 4/4박자일 때는 4박자이고 4/2박자일 때는 2박자이다. 될 수 있는 대로 4/3박자는 주의하고 8/6박자와 같이 율동을 만들기가 어려운 박자의 곡은 억지로 율동을 만들려고 해서는 안되겠다.

위에서 언급한 바와 같이 율동을 만들 때 박자를 중요시하라는 말은 전체적인 율동의 균형을 유지해 주기 위함이다. 예를 들면 가사를 중심으로 한다면 [하늘]과 [하나님]의 단어가 완전히 다르므로 하늘과 하나

님의 율동을 분리해서 표현하여야 한다. 그러나 그렇게 되면 '하늘'에 대한 율동은 2박자가 되어야 하며 '하나님'에 대한 율동은 6박자 동안 해야 하므로 '하늘'은 대단히 촉박하고 '하나님' 율동은 상당히 지루한 감을 초래하게 된다.

그러므로 '하늘의 하나님께'까지를 '하늘'에 대한 율동을 해야하며 '하늘' 이 부분을 '하나님'에 대한 율동을 해야 8박자 전체에 대한 4박자씩의 균형있는 율동이 이루어질 수 있으며 곡에 대한 안정감 넘치는 율동이 표현될 수 있는 것이다.

이상과 같이 간단하나마 율동지도를 좀더 효과적으로 하기 위한 몇 가지 사실을 정리하였지만 이는 빙산의 일각일 뿐 교사 여러분의 끊임없는 연구와 관찰이 요구되는 바이다.

아무튼 율동은 그것이 목적이 되어서는 안되고 복음을 증거하는데 좋은 수단이 되어야 할 것이다. 너무 많은 시간을 율동에 투자함으로 전체적인 신앙 분위기를 흐트려 버리는 일이 있어서는 안되겠다.

율동은 결코 흥미 본위의 오락이 아니다. 하나님께서 주신 건강한 손으로 주님을 찬양하는 것이다. 따라서 한 단어 단어마다 율동을 만들어 나갈 때 좀더 안정감 넘치고, 경건한 모습으로 보이는 표현을 의식적으로 골라 만들어야 하겠다. 될 수 있는 대로 성경을 주된 교과서로 하여 그 속에 숨어있는 무궁무진한 율동 동작들을 개발해내야 하겠다.

율동지도는 이렇게 하라

　길거리를 지나면서도 그냥 지날 것이 아니라 움직이는 사물 하나 하나의 모습을 주의깊게 관찰하여 좀 더 성의있는 표현들을 만들어야 한다.

　끝으로 율동지도를 하는 우리 모두가 오직 하나님께 영광을 돌려 드리는 착하고 충성된 도구가 되기를 바라는 바이다.

교회학교 운영 계획안

부록
교회학교 운영 계획안

제1장   총칙

제1조 본 교는 영강교회학교라 칭하고 영강교회 안에 둔다.

제2조 본 교의 조직의 목적은 다음과 같다.

1. 하나님을 알게하는 지식을 교육한다.

2. 자신을 깨닫게 하는 지혜를 갖도록 교육한다.

3. 생활 가운데 기독교인으로써 지혜를 갖도록 교육한다.

제2장   조직

제3조 본교는 예배와 교육과 신앙의 훈련과 행정의 관리를 효과적으로 하기 위하여 다음과 같은 조직을 한다.

교장, 교감, 교육목사, 부장, 총무, 주임 등

제4조 1. 교장: 본 교회의 담임목사나 교육목사가 한다.

2. 교감: 본 교회의 장로님들 중에서 교회교육에 관심이 있는 분으로 한다.

3. 교육목사: 교육을 실제적으로 담당한다(교육목사가 없는 교회에서는 교육전도사나 지도담당으로 한다)

4. 부장: 교육에 관심이 있는 젊은 집사 중에서 당회가 임명한다.

5. 총무: 신학생이나 기타 교사 중에서 열심이 있고 교육에 뛰어난 분으로 교육의 전반적인 일을 도와 총괄한다.

6. 주임: 각 학년 교사들 중에서 주임을 선출하여 각 학년별 발전을 도모한다.

제5조 교회학교 구성 및 반 편성

1. 유치부: 만 3-5세 정도의 취학 전 아동들로 구성한다(3세 이하의 어린이들은 영아부로 특별히 반을 만든다).

2. 유년부: 초등학교 1-2학년까지 어린이들로 구성한다.

3. 초등부: 초등학교 3-4학년까지 어린이들로 구성한다.

4. 소년부: 초등학교 5-6학년까지 어린이들로 구성한다.

5. 중등부: 중학교 1-3학년까지 학생들로 구성한다.

6. 고등부A: 고등학교 1-3학년까지의 학생들 중 인문계 고교를 다니는 학생들로 구성한다.

말로 가르치지 말고 말씀으로 가르치라

　　7. 고등부B: 고등학교 1-3학년까지의 학생들 중 실업계 고교
　　　　를 다니는 학생들로 구성한다.

　　cf) 각 반은 학년별로 구성하되 남녀로 구별할 필요는 없다.

제6조 임무

　　1. 교장: 교회학교를 대표하여 운영전체를 감독 지도한다.

　　2. 교감: 교장을 도와 그 밖의 제반사항을 감독 지도한다.

　　3. 교육목사: 교회학교 교장을 대리하여 교사 및 학생들의 영
　　　　적 및 지적인 교육전반을 실제적으로 관장한다.

　　4. 부장: 교사들의 출석 의무를 관장하여 교회학교 행정 전반
　　　　적인 일을 한다.

　　5. 총무: 예배준비 및 교사간의 친목도모 및 교안에 필요한 자
　　　　료를 수검 및 보관 관리한다.

제3장　학기 및 절기

제7조 학기는 4학기로 나눈다.

　　1학기: 1월–3월

　　2학기: 4월–5월

　　3학기: 7월–9월

　　4학기: 10월–12월

제8조 교회절기 및 특별행사일

1. 교회절기

　　신년축하예배: 1월 1일

　　부활주일: 4월

　　어린이주일: 5월 첫째주일

　　어버이주일: 5월 둘째주일

　　성령강림주일: 6월

　　맥추감사주일: 7월

　　추수감사주일: 11월 셋째주일(사정에 따라 추석과
　　　　　　　　　일치시켜도 좋다)

　　종교개혁주일: 11월 넷째주일

　　성서주일: 12월 둘째주일

　　성탄주일: 12월 25일

2. 특별주일

　　교회창립주일

제9조 학기별 행사 및 공동행사

1. 공동행사

　1) 교사대학: 매주 목요일 오후 7시-9시

　2) 노방전도: 3월 5월 9월 11월

2. 각 학기별 행사

말로 가르치지 말고 말씀으로 가르치라

1학기 신년축하예배, 진급환영회, 교사심방

2학기 발표회, 교사 친목회

3학기 여름 수련회, 교사 심방

4학기 졸업예배(12월 마지막주)

3. 월별행사

각 월별 행사표 참조

4. 연중행사 계획과 실천사항

1) 연중행사 계획표 작성 및 교사 수첩 편찬 – 위원회를 조직 교사 회의를 거쳐 위원회와 교장의 승인으로 시행한다.

2) 부활절 – 특별순서 준비, 저녁 찬양예배

3) 추수감사절 – 과일 콘테스트를 통해 감사케 한다.

(저녁시간은 감사의 밤을 드린다)

4) 성탄절 – 성탄절 선물과 함께 감사를 가지게 한다.

제4장 운영 및 관리

제10조 운영기준

1. 교회학교 목적을 분명히 밝힌다.

2. 해마다 부흥목표와 운영표어를 정한다.

3. 조직과 관리는 본 규칙에 준한다.

4. 연중 행사 계획을 세운다.

제11조 관리기준

1. 교회의 전반적인 행정에 따른다.

2. 교회학교 고직과 부서에 따른다.

3. 교회학교 사업 계획에 준한다.

4. 책임소재를 운영하며 사랑으로 한다.

제5장 예배 공부 생활지도

제12조 예배진행

1. 예배와 교육(공과지도)은 구별한다.

2. 신령과 진정으로 드리는 예배 분위기를 조성한다.

3. 어린이 성가대로 예배를 돕게 한다.

　　(유치 유년 초등 소년부등 별도의 성가대를 조직)

4. 안내위원은 예배 분위기를 정숙케 하기 위하여 예배시 기
　　도 중에는 기도를 마친 뒤에 앉게 했다가 예배 후 자기 반
　　으로 인도한다.

5. 사회는 가급적 무언으로 한다.

6. 예배시 기도와 안내는 담당뜻대로 한다.

7. 기도하는 교사는 강단에 나와서 한다.

8. 각반 교사는 자기반 후면 중앙에 앉는다.

9. 설교 내용은 공과의 범위 안에서 함이 좋다.

제13조 공과 공부 진행

1. 출석부는 교사가 예배 전에 가져간다(교사회 전).

2. 공과 공부할 때 교사의 위치는 적당한 거리를 두고 벽을 등으로 대고 앉아서 가르친다.

3. 교사는 공과공부를 충분히 하고 교안을 작성한다.

4. 공과는 가급적 정해진 시간에 교수한다.

제14조 생활지도

1. 안내자는 학생 입장 후부터 퇴장까지 질서 일체를 안내한다.

2. 광고는 부장이나, 총무가 한다.

3. 생일자는 각반 교사가 미리 파악하여 꽃과 카드, 기타 선물을 준비한다.

4. 각반별 성적 발표는 서기가 발표한다.

5. 교사와 학생은 언제나 성경, 찬송, 깨끗하고 바른 복장을 하고 참여케 한다.

6. 그 주에 모범반을 선정하여 시상한다.

제6장　　집회 및 회의

제15조 집회

1. 아침예배

　① 유치부, 유년부, 초등부, 소년부: 오전 9시

　② 중등부, 고등부: 오전 9시

2. 오후예배(오후활동)

　① 유치부, 유년부, 초등부, 소년부: 오후 3시

　② 중등부, 고등부: 토요일 오후 5시

제16조 회의

1. 교사 회의는 예배 30분전과 예배 후에 교사 평가회 및 반성회로 한다.

2. 월례회는 매월 마지막 주에 한다.

3. 교사 헌신예배는 교회의 형편에 따라 년간 2회로 한다.

4. 연말 교사 총회는 12월 중으로 한다.

5. 교사 위로회는 교회의 형편에 따라 년간 2회로 한다.

* 모든 교사회는 부장이 소집하고 교육목사가 지도하여 성수가 못되어도 시무 처리를 할 수 있다.

제7장　출석과 제명

제17조 등반생과 일반생

1. 신입생은 4주 출석후 등반시 정식출석부에 등록한다.

2. 일반생

말로 가르치지 말고 말씀으로 가르치라

일주일 결석시엔 학생을 보내고

2주일 결석시엔 서면 및 전화연락을 하고

3주일 결석시엔 교사 및 총무 부장 지도교역자가 심방한다.

4주 이상 결석시엔 별명부에 넘겨둔다.

제8장　성적 및 시상

제19조 상벌규정의 원칙에 의하여 충성스러웠던 학생에게 시상하는 것은 천국상의 모형과도 같음으로 이 일을 신중하게 처리하지 않으면 안된다. 그러므로 다음과 같은 시상의 종류와 기준을 정한다.

1. 시상의 종류

　1) 개근상 – 개근생 전체

　2) 전도상 – 전도한 모든 학생

　3) 단체상 – 전반적인 성적 종합부 1등반

2. 시상의 기준(실례) 10명인 경우

　1) 반 성적

　　교사출석 20점 20

　　학생출석 1명 5점 5×10＝50

　　인도 1명 10점 10×10＝100

　　요절 1명 3점 3×10＝30

2) 개인성적(수료식때)

출석1주 = 5점

인도1명 = 10점

요절1회 = 5점

시험성적 = 100

계120만점

3) 헌금상은 별도로 장려상을 준다.

4) 모범상: 개인모범상(교사의 추천으로 부장의 동의를 얻어야 한다)

5) 반 모범상: 교사회의의 추천으로 부장의 동의를 얻어야 한다.

6) 인도상

인도 받은 자가 정식 등록할 때(4째주) 인도한 자를 시상한다.

5명 인도자는 언제든지 특별시상을 한다.

제9장　사무실 및 문서관리

제20조 본 어린이 교회학교 사무실(서류방)을 설치하고 모든 문서들을 정리해 보관한다.

1. 비치서류대장

1) 출석부(학생 및 교사)

2) 어린이 교회학교 연혁(역대 주교 교사명부)

3) 회의록

4) 학적부

5) 생활기록부

6) 졸업생명부

7) 생활기록부

8) 시상자명부

9) 출석통계표

10) 헌금일지

11) 우승반 통계표

12) 회계장부

13) 비품대장

14) 도서대장

15) 제적 및 등반생명부

16) 교사성적표

17) 앨범철

2. 서적

1) 공과(교재공과 및 기타)

    2) 참고도서(기독교 백과사전, 심리학 사전, 성구사전, 기독교 교육학 및 기타)

    3) 기타(동요, 동화, 설교집, 교육자료집, 철간지)

3. 카드

    1) 성구 암송카드

    2) 생활카드

    3) 신입생환영카드

    4) 심방카드

4. 인장

본 교회학교의 모든 인장은 사무실에 보관되어야 하며 부장 승인을 얻어 사용하여야 한다.

    1) 교회학교 직인

    2) 어린이 교회학교인

    3) 각종상인

    4) 고무인(주소)

제10장　재정

제21조 재정의 원칙

재정은 교회학교 학생들의 헌금과 교회보조 및 기타 수입으로 한다.

제22조 헌금

1. 매주 헌금은 예배시 한다.

2. 십일조 헌금을 권장한다.

3. 특별한 일에 감사헌금을 하게 한다(입선, 당선, 합격, 생일, 기타)

4. 정기헌금: 부활절, 맥추감사절, 추수감사절, 성탄절 등 절기예배헌금을 권장한다.

제23조 재정의 관리

1. 수입: 모든 수입금은 회계장부에 기입 보관하고 매월 교육부에 보고서를 제출하며 재정부에 헌금을 헌납한다.

2. 지출: 월별 지출범위 내에서 지출하고 그 외 지출은 별도 예산으로 한다.

3. 보관: 모든 헌금은 회계가 관리하며 일단 재정부에 보고하여 행사시 지출을 청구한다.

4. 검열 및 보관: 회계보고서는 부장이 월례 교육부에 보고한다.

5. 예산과 결산: 예산과 결산은 교사회의에서 작성하여 부장이 교육부에 제출하여 당회에 검열을 받는다.

6. 교회보조: 본 교회학교 예산의 부족분은 당회장 앞으로 청

구하여 교회의 적극적인 지원을 받는다.

7. 어린이 교회학교 예산 계획서: 연말에 신년예산 계획서를
세워 교장의 승인을 받은 후 실시한다.

제24조 문서기입 및 보고

1. 모든 각 부서는 매월 첫 주에 교육부에 청원서 및 월중 행
사계획 및 보고서를 작성 기입하여 보고하도록 한다.

2. 또 월중 행사 계획서 및 특별사업 계획서는 청원서를 기재
하여 보고하여야 한다.

3. 본 업무는 총무가 부장을 통해 보고한다.

제25조 회의

1. 정기총회: 년 1회 12월중에 소집하여 행사보고 및 청원사
항을 심의 결의한다.

2. 정기월례회: 월 1회 소집하여 행사보고 및 청원사항을 심
의 결의한다.

3. 임시회의: 필요시에 부장이 소집하여 해당 안건을 심의 결
의한다.

4. 교사회의: 예배 30분전에 모여서 그 날의 전반적인 모든
사항을 전달한다.

5. 교회반성회: 예배 및 분반공부 후 모여서 평가 및 반성회

를 가진다.

제11장 부칙

제26조 본 규칙의 변경 또는 추가를 부 회의에서 2/3의 찬성으로 교
육부에 인준을 얻어 할 수 있다.

제27조 본 규칙은 주후 199 년 1월 1일부터 시행한다.

＊
말로 가르치지 말고 말씀으로 가르치라
＊
초판 1쇄 - 1999년 6월 10일

＊
지은이 - 주 금 용
펴낸이 - 김 연 범
펴낸곳 - 도서출판 크리스천하우스
＊
서울시 마포구 합정동 433-62
출판등록 - 제 10-1300호 1996. 6. 12
＊
TEL - (02) 322-4477
FAX - (02) 323-6416
＊
잘못된 책은 바꾸어 드립니다.
＊
값 6,000원